COLECCIÓN FAM...

P9-AGE-606

COLECCIONES

Ejecutiva
Superación personal
Salud y belleza
Familia
Literatura infantil y juvenil
Con los pelos de punta
Pequeños valientes
¡Que la fuerza te acompañe!
Juegos y acertijos
Manualidades
Cultural
Espiritual
Medicina alternativa
Computación
Didáctica
New age
Esoterismo
Humorismo
Interés general
Compendios de bolsillo
Aura
Cocina
Tecniciencia
Visual
Arkano
Extassy

Hilda de Lima

Cómo ayudar a niños con problemas de aprendizaje

SELECTOR
actualidad editorial

Aniversario
1950-2000

Doctor Erazo 120
Colonia Doctores   **Tel. 55 88 72 72**
México 06720, D.F.   **Fax 57 61 57 16**

CÓMO AYUDAR A NIÑOS CON PROBLEMAS DE APRENDIZAJE

Diseño de portada: Carlos Varela

Copyright © 2001, Selector S.A. de C.V.
Derechos de edición reservados en español
para todo el mundo

ISBN: 970-643-325-2

Segunda reimpresión. Octubre de 2001

NI UNA FOTOCOPIA MÁS

Cómo ayudar a niños con problemas de aprendizaje
Tipografía: *Alfonso Pliego Santos*
Negativos de portada e interiores: *Formación Gráfica*
Esta edición se imprimió en Octubre de 2001,
en *Editores Impresores Fernández S.A. de C.V.*

A mi querido y dilecto amigo el doctor Alberto Amor Villalpando, eminente pediatra y maestro en Bioética, por su estímulo y generoso asesoramiento.

A mis queridas hijas Mónica y Lorena, cuyo apoyo siempre está presente en todo lo que emprendo.

A mi gentil yerno el Lic. Juan Felipe Cajiga Calderón, por la inagotable paciencia con que me ayudó a preparar este manuscrito.

A mi adorables nietos Colin William, Ashley Joan, y la pequeña Vivielle, por ser la alegría de mi vida.

Contenido

Introducción

Introducción

"Para qué me tomo la molestia de preguntarle a fulano *sobre lo que vimos en clase, él siempre está* papando moscas y *es un flojo. Mejor lo ignoro y sigo adelante con los demás.*"

¡Qué error tan grave es que un profesor reaccione así! Lo más seguro es que con su actitud esté perjudicando de por vida a ese niño. Es tan nocivo etiquetar a una persona. Pero también las madres cometen ese tipo de errores, algunas se desesperan y se preguntan por qué uno de sus hijos, siendo educado igual que los demás, no responde similar que los otros, tachándolo de perezoso o indiferente, pues simplemente "no se le da la gana" de atender lo que sus padres dicen.

Cuando un pequeño actúa fuera de lo normal, lo más probable es que sea porque está sufriendo conflictos personales. Tanto las madres como las maestras tenemos la obligación de detectar a tiempo esos problemas y encontrar lo más pronto posible la forma de resolverlos.

Sobre estos temas trata el presente libro, cuyo objetivo es aportar a padres de familia y maestros de primera enseñanza una guía práctica y sencilla para ayudar a los niños de lento aprendizaje.

Aquí descubrirán varias de las diferentes causas que ocasionan dichos problemas, tales como *la timidez, la falta de seguridad, problemas familiares, psicológicos, o algún defecto físico tan común como una defectuosa audición o a la necesidad de usar lentes. Sin embargo, la primera causa de esos problemas de Enseñanza–Aprendizaje en el área preescolar, es frecuentemente debido a diferentes problemas de integración familiar, lo que ocasionan la no autoafirmación de las emociones y retrasa el desarrollo del niño normal. Una consecuencia de no atender a tiempo ese problema es aquella que podría provocar una enfermedad llamada Lexitimia (privación de la expresión del leguaje), cuyo avance inmoderado conduce al niño –y luego al adulto– a un estado emocional con el cual ya no se es capaz de tener algún sentimiento. Esa situación es profundamente destructiva, pues puede orillar a la persona a cometer actos aterradores como el suicidio o hasta el mismo homicidio.*

Todas esas situaciones de la problemática de la Enseñanza–Apendizaje, deben ser detectadas fundamentalmente por padres y/o maestros, aunque generalmente los primeros no lo aceptan, por lo que es responsabilidad de los maestros el insistir, pues una vez detectadas a tiempo, el niño puede contar con ayuda necesaria, incluida la especializada, para que se determine a tiempo el tipo de tratamiento que habrá de dársele.

Es fundamental formar un equipo para conseguir que el pequeño salga adelante. Con ayuda profesional, inteligente, comprensiva y cariñosa se puede alcanzar un resultado exitoso. Por lo tanto, deberán amalgamarse familia–escuela–terapeuta. También es importante una apropiada motivación para el buen desarrollo del niño, sobre todo ayudarlo a que tenga una alta autoestima.

En este libro explicaremos algunos trastornos de aprendizaje del niño, al mismo tiempo que las formas de ayudarlo y atenderlo, esperando que al tomar conciencia del problema se alcance la meta que todos deseamos para nuestros hijos, quienes seguros de sí mismos obtendrán una total integración con sus demás compañeros y su entorno.

Hacemos hincapié en que es en los primeros años de su vida, entre los tres y los doce años, cuando son más moldeables *y, por lo tanto, cuando se pueden corregir con más facilidad esas anomalías. Pongamos nuestro mejor esfuerzo para lograr el éxito en esa labor tan importante para todos nosotros.*

Capítulo 1

Tartamudez

Tartamudez

Empezaba el año escolar, entré a mi clase feliz de ver las caras entusiastas, inteligentes y traviesas de mis alumnos del año anterior, listos para estudiar otro año más el Taller de Literatura. Con gusto noté que pocos habían desertado, sólo había dos o tres que no conocía, que eran nuevos en la escuela. Después de darles la bienvenida y aprenderme sus nombres, comencé mi clase tratando de integrar al grupo a los nuevos chicos. Todo estuvo bien por un rato, hasta que de repente, ante mi sorpresa, una de las niñas que acababa de conocer, sin decir "agua va" salió corriendo del salón de clase hecha un mar de lágrimas. Desde luego que de inmediato salí tras ella. Luego de buscarla, la encontré hecha un ovillo bajo la escalera, sentada en el suelo, agarrándose las piernas con ambos brazos y con lágrimas en las mejillas.

Sentándome junto a ella, le pasé afectuosamente un brazo por los hombros, luego, con voz pausada, le pregunté sobre lo que le acontecía. Se negó a contestarme. Luego, con palabras entrecortadas, me dijo que un niño se había reído de ella cuando no pudo pronunciar bien una palabra. Me explicó también que muchas veces le costaba un gran trabajo hablar *de corrido,* lo que le acarreaba la burla de sus compañeros –y no pocos regaños de su madre–, pero decía que mientras más trataba de corregirse, más trabajo le costaba hablar correctamente. Inclusive por eso la habían sacado de la anterior escuela. Me di cuenta de que la niña tenía un problema de tartamudez

Con no poco trabajo la convencí para regresar a clase, prometiéndole que nadie volvería a molestarla y asegurándole que lo que le sucedía se le iría corrigiendo poco a poco y que no debía preocuparse por ello. Por supuesto que ya había tomado la decisión de hablar con su madre sobre ese problema, lo cual no dije a la niña para no agrandar más su aflicción.

Antes de dar ese paso me aseguré de no estar equivocada, observándola por varios días, no sin antes hablar con los niños de la clase, explicándoles el daño que se le puede causar a una persona cuando se burlan de sus defectos. Después de varias clases, y asesorada por una terapeuta, pude confirmar mis sospechas. Fue entonces cuando me comuniqué con la madre de la niña.

Desafortunadamente, el hablar con la mamá fue sumamente difícil, la señora por ningún motivo aceptaba que la niña tuviera algún problema de lenguaje. Ella alegaba que lo que sucedía se debía a que su hija era muy nerviosa, y dejándose llevar por ese estado emocional tergiversaba las palabras, que sólo necesitaba controlarse, para lo cual me pedía tener "mano dura" y exigirle que se comportara como los demás niños. La plática con la señora fue inútil, aunque antes de concluir "logré" que aceptara volvernos a entrevistar. Fue la tercera vez que nos reunimos –y que discutimos por horas el asunto, con explicaciones y con un libro médico en la mano– que pude convencerla sobre la tartamudez de su pequeña y de la necesidad de contar con ayuda especializada.

Insistí en que ella era la primera que debía comprender y aceptar la situación, pero sobre todo, no tratar de presionar a la niña para que hablara "correctamente", pues por el momento era imposible. Le expliqué que tanto el especialista en problemas de lenguaje, como la familia y los maestros debían cooperar para que la niña adquiriera confianza en sí misma. Procuré infundirle confianza en que todo se resolvería si el equipo familia–especialista–escuela trabajábamos conjuntamente y tratábamos a la pequeña con paciencia y cariño.

Afortunadamente, trabajando cada miembro de ese equipo logramos el objetivo, después de casi un año de labor con mi alumna, hemos podido constatar que ahora es una niña distinta. Veo con beneplácito que ha mejorado su autoestima –antes hubiera sido imposible–, ahora puede declamar una poesía delante de toda la clase, y es motivo de orgullo pues sabe que lo hace bien, y se siente segura de que sus compañeros, en lugar de burlarse de ella, la miran con admiración.

Es una gran satisfacción para todos los que contribuimos a que esa pequeña saliera adelante.

No cabe duda que vale la pena cuando los adultos ponemos nuestro grano de arena para que los niños con problemas puedan superar sus trastornos.

Espero que la lectura de este libro sirva para que maestros y padres de familia pongan atención en cualquier anomalía en los pequeños y puedan corregirla a tiempo.

Algunas señales de la tartamudez son:

Señales de Alerta

⌢ Repetición de sílabas, sonidos, palabras o frases.

⌢ Pausas silenciosas o bloqueos.

⌢ Esfuerzo físico para intentar hablar.

⌢ Ruidos inusuales de respiración.

Cómo Ayudar

✔ Escuchar lo que dice más que cómo lo dice.

✔ Mantener la calma.

✔ Hablar despacio y en un nivel que entienda.

✔ Discutir futuros eventos para que se prepare para ello.

✔ Dar periodos regulares de tiempo sin interrumpirlo para que no se sienta fuera de la conversación.

✔ Nunca dar la impresión de que es vergonzoso su falta de fluidez.

✔ Escuchar con interés lo que dice, alentando una atmósfera relajada.

✔ Solicitar ayuda especializada.

Jamás debe de

✘ Llamarle la atención por el tartamudeo.

✘ Hacerle burla o imitarlo.

✘ Interrumpirlo.

✘ Hablar por él.

✘ Insistir en que hable cuando no desee hacerlo.

✘ Apurarlo.

✘ Pedirle que empiece de nuevo.

✘ Tratar de sobornarlo para que hable de mane ra distinta o castigarlo por su forma de hablar.

✘ Perder el contacto visual porque podría ser señal de aburrimiento o de impaciencia.

✘ Compararlo con otros niños.

Capítulo 2

Dislexia

Dislexia

"Si el alumno no puede aprender por el camino en el se le enseña, el docente debe llevarlo por el camino en el que al alumno le sea más sencillo aprender."

Dos amigas conversaban animadamente sobre sus hijos, de pronto una de ellas comentó que el más pequeño de sus hijos, un niño de seis años que cursaba el primer año de primaria, le estaba dando problemas.

"¡Imagínate!, sus compañeros ya leen y escriben, pero él no tiene el menor interés por la lectura y en el papel sólo hace garabatos. No sé por qué salió tan flojo, sus hermanos son tan aplicados", dijo .

La opinión que dio esa madre fue aventurada: antes de calificar de perezoso a su hijo, tenía el deber de observarlo y descubrir a qué se debía.

Hay madres que aunque no lo confiesen, hasta llegan a pensar que su hijo es tonto, pues hay veces que la dificultad en el aprendizaje de la lecto–escritura, llamada Dislexia, se confunde con falta de inteligencia o pereza.

Generalmente, la primera señal de alerta de este problema es que el comportamiento del niño no está de acuerdo con el resto de sus capacidades.

Es indispensable detectar en sus inicios la

Dislexia para evitar que se lastime la autoestima del menor. Una de las consecuencias de la falta de atención a este tipo de problema es la disminución de la autoestima, provocando gran resistencia al aprendizaje, además de generar conductas agresivas y estados depresivos.

Puede provocar también rebeldía y manifestaciones de defensa en las que el pequeño es capaz de esconder las calificaciones escolares o falsificar firmas para evitar disgustos al llegar a casa.

Este problema específicamente se refleja en el aprendizaje de la lecto–escritura, por lo que es importante tener claro que no es provocado por falta de inteligencia, ni a problemas visuales o auditivos, ni se genera por traumas emocionales.

Es un trastorno genético que tiene antecedentes familiares, por lo que es algo que acompaña a la persona durante toda su vida: se nace y se muere disléxico; sin embargo, con un tratamiento adecuado el niño puede lograr las metas de cualquier otro niño sin este problema.

La Dislexia se diagnostica certeramente después de una evaluación neuropsicológica, tras de lo cual se le aplicó el tratamiento adecuado.

Señales de Alerta

☙ Se detecta al iniciarse el aprendizaje de la lecto–escritura.

☙ No reconocen los sonidos de las palabras, pero no es problema auditivo ni visual, simplemente confunden las letras parecidas y la terminación de las palabras que se asemejan.

☙ Se observa en el niño una gran dificultad para identificar las letras al leerlas y/o escribirlas.

☙ Es común la confusión de la **b** y la **d**, así como de la **p** y la **q**.

Cómo Ayudar

✔Enseñarlo a jugar, el juego es importante para el desarrollo normal en el niño, pues estimula y facilita cualquier tipo de aprendizaje. Ayuda en la coordinación de los movimientos y en la fluidez del lenguaje. Lo hace sociable y lo conduce a un buen desarrollo emocional. Es acertado buscar juegos en los que se formen palabras o en los que se puedan narrar historias.

✔Tenerle paciencia y estimularlo cada vez que logre leer o escribir aunque sea sólo una sílaba correctamente. Por algo se empieza.

✔Hablar con los maestros para que colaboren y lo ayuden afectuosamente, eso reforzará su autoestima.

Jamás debe de

✖ Ocultarse en la escuela la dislexia del niño.

✖ Tratar de engañarse de que la dislexia significa menos capacidad.

✖ Culparlo de distracción o falta de interés, sin
antes investigar lo que sucede realmente.

Capítulo 3

Dislalia

Dislalia

"Es desesperante, Raúl ya tiene cuatro años y habla muy *chiquiado*, sólo pronuncia claro mamá y papá, pero todo lo demás casi no se le entiende. ¡Por favor ayúdame! Mi marido me echa la culpa alegando que es por tanto consentimiento. ¿Crees que esa sea la razón?"

Según los terapeutas especializados en ese tipo de problemas, con el oído y la vista normales, los niños tienen la capacidad para realizar el aprendizaje del habla, pero hay algunos pequeños que sustituyen, alteran u omiten los fonemas en general, lo que provoca el problema del habla que se llama Dislalia.

La dislalia puede ser provocada por alteraciones congénitas o adquiridas en el aparato resonador–articulador, lo que hará imposible la comprensión de su lenguaje. Esto puede tener varias causas, algunas de las cuales pueden ser físicas, motivadas por labio leporino; anomalías dentales; fisuras palatinas; frenillo, o por lengua gruesa, entre otras. En todas ellas lo más seguro es que será necesaria una pequeña intervención quirúrgica. Otras veces pueden ser consecuencia de lesiones nerviosas periféricas o centrales que obran sobre determinados músculos.

La dislalia también puede ser ocasionada por insuficiencia auditiva, aunque la mayoría de los defectos dislálicos que presentan los niños en

edad escolar no los originan las alteraciones ana-
tómicas, ni las lesiones nerviosas; más bien son
un problema de educación, pues surgen de la imi-
tación consciente o inconsciente de errores co-
metidos por las personas que los rodean a pesar
de la buena conformación orgánica que los me-
nores presenten.

Aprender a hablar es una de las tareas más importantes y complicadas que deben superar los
niños a una temprana edad. El niño aprenderá más
fácilmente si los padres le ayudan en todo momento, desde su nacimiento, hablándole, cantán-
dole canciones y rimas infantiles; diciéndole los
nombres de las cosas y las personas; haciéndole
preguntas y leyéndole cuentos cuando empieza
a ser capaz de entenderlos.

Los niños entienden lo que se les dice mucho
antes de saber hablar. Es posible tener "conversaciones" con un niño desde su más temprana
edad, no importa que dichas conversaciones sean
simples.

El menor necesita responder a las palabras y
sonidos, así como comprobar que otras personas
responden a sus intentos de emitir sonidos y palabras. Cuando un niño empieza a emitir sonidos
y a pronunciar fonemas correctos, los padres deben manifestar su satisfacción y alentarle a seguir consolidando lo aprendido.

No hay ninguna diferencia entre las necesidades físicas, mentales y emocionales de un niño y

una niña. Ambos tienen la misma necesidad de jugar y la misma capacidad para aprender cualquier cosa, y ambos tienen la misma necesidad de recibir expresiones de afecto y de aprobación.

Cuando el niño entra en el período de adquisición del lenguaje, inicia su aprendizaje con la vocalización a la que seguirá el periodo de balbuceo. El lenguaje surge primero como una necesidad motriz, para después ser auditiva. Más tarde, agrupando distintas sílabas, trata de imitar las palabras oídas o crea otras nuevas, que tendrán o no significado.

El niño observa cómo hablamos los adultos, nos escucha y trata de imitarnos, pero si sus órganos no obedecen con la facilidad que él desea, esto podrá provocarle múltiples alteraciones en su lenguaje. Estas dislalias son naturales, es decir, ligadas al aprendizaje normal del lenguaje y podemos denominarlas dislalias fisiológicas.

Con el transcurso del tiempo, cuando el niño adquiere mayor experiencia verbal, van eliminándose esas dislalias fisiológicas, siempre que las personas que vivan con él se preocupen de utilizar un lenguaje normal e insistan en los fonemas correctos, no empleando a su vez los vocablos deformados por el propio niño.

Es precisamente en este último caso cuando las alteraciones se graban definitivamente, si no es corregido en la casa y en la escuela llevará ese defecto toda la vida.

Un error muy extendido es el creer que las dislalias son únicamente fruto de una deficiencia mental. De ninguna manera, las estadísticas en todas partes del mundo demuestran a niños normales dislálicos.

Las dislalias son una de las causas del retraso escolar en niños perfectamente normales. También hemos podido comprobar que las dislalias y otras alteraciones del lenguaje provocan en muchos niños alteraciones en el carácter como consecuencia de la burla o de la timidez, convirtiéndose en niños retraídos, huraños o fácilmente irritables, disminuyendo notoriamente su autoestima.

Estos defectos pueden ser corregidos, entre más temprano se haga será más fácil, pues con el paso del tiempo se tendrá el vicio de hacer omisiones y/o sustituciones que se presentarán en el lenguaje espontáneo.

La dislalia requiere una gran dosis de observación y paciencia. Observación para saber qué facilidades ofrece el niño en la corrección, y paciencia para repetir, tantas veces como sea necesario, cómo pronunciar los fonemas correctamente. A medida que el niño avanza en edad, se hace más difícil corregir su lenguaje, cosa lógica puesto que el vocabulario del niño va aumentando con su instrucción y mayor experiencia, mientras que para la corrección va disminuyendo lo maleable de sus formas de expresión. Por ejemplo, es importante no darle los objetos que desea si sólo lo señala, es necesario motivarlo a que lo pida con las palabras adecuadas.

Cuando el niño comienza a aprender a leer y escribir, va a leer tan mal como hable, así que tanto padres como maestros deberán ayudarlo a pronunciar bien las palabras.

Hay que vigilar también la correcta respiración del niño, ésta deberá ser larga y regular, pues ello es parte importante del lenguaje. A la dislalia se le considerará corregida cuando después de una breve conversación se observe que ya no se omiten fonemas.

Estos defectos pueden entorpecer los estudios escolares y universitarios, sobre todo en un mundo donde la lucha por la vida requiere cada vez más de un exigente "perfeccionamiento". Por lo tanto, es necesario preocuparse desde temprana edad en esas "pequeñeces".

Observemos a nuestro alrededor, los que hacen de su voz un instrumento de trabajo como locutores, comediantes, defensores jurídicos, maestros, y varios más, encontramos que la voz monótona, gutural, nasal, y otras igual de fastidiosas al oído, son defectos comunes y corrientes; sin embargo, nada es más agradable que una voz armoniosa, perfectamente modulada, bien timbrada y que aprovecha todas las grandes cualidades de ese maravilloso aparato vocal que pose el ser humano.

Así pues, estemos atentos a la voz de nuestros hijos desde el balbuceo, no descuidemos algo que puede volver a una persona capaz o incapaz de desarrollarse exitosamente.

Señales de Alerta

⚶ Los problemas auditivos se detectan desde los seis meses. El bebé debe voltear al escuchar un ruido, como por ejemplo una palmada.

⚶ No se puede dar a entender al empezar a hablar.

⚶ Hace omisiones o sustituciones de fonemas.

⚶ Al año de edad debe poder decir palabras sueltas como mamá, papá, agua, etcétera.

⚶ Debe poder decir, a los dos años de edad, frases cortas como: el coche, mi pelota, dame pan, mi zapato, etcétera.

⚶ A los tres años está omitiendo la S y dice "andía", en lugar de sandía; "eria", en lugar de "feria; o "isa", en lugar de "risa", etcétera.

⚶ A los cuatro años debe hablar de forma correcta, marcando los dos tonos de la R, el sonido fuerte y el suave.

Cómo Ayudar

✔ Ponerle, desde que nace y con gran frecuencia, música suave.

✔ No imite el vocabulario y tono del niño. Ha-

ble correctamente con palabras y frases sencillas al alcance de la edad del pequeño. Despacio y con paciencia.

✔ Los niños son muy sensibles y pueden lasti
marse fácilmente. Cuidado con las agresiones
porque lo pueden acomplejar, pues eso le ha
ría un daño emocional severo.

✔ No se presione usted, ni presione al niño, esto
sería contraproducente pues lo pondría nervioso al expresarse.

✔ Visite al pediatra para que revise el paladar,
frenillo, lengua, nariz, dientes y oído del niño
para descartar problemas físicos.

✔ Dedique tiempo a su hijo.

✔ Bríndele confianza en sí mismo, cuidando su
personalidad.

✔ El niño es más importante que su lenguaje y
tiene más tiempo para superarlo.

✔ Estimule siempre que logre corregir cualquier
fonema.

✔ En problemas físicos o muy pronunciados,
consulte a un especialista en lenguaje.

Jamás debe de

✘ Convertir la corrección del lenguaje del niño
en un conflicto o reto.

✘ Corregirlo frente a personas extrañas para él.

- ✖ Discutir agresivamente frente al niño.
- ✖ Ignorar su problema de lenguaje y pensar que se corregirá con el tiempo.
- ✖ Darse la media vuelta e ignorarlo cuando no entiende lo que dice.
- ✖ Burlarse de la forma cómo habla.

Capítulo 4

Disgrafía y Discalculia

Disgrafía y Discalculia

La Disgrafía, o trastorno específico en el desarrollo de la escritura, consiste en un nivel de escritura significativamente inferior al esperado para la edad del niño y su nivel escolar.

Al igual que en el trastorno de lectura, este trastorno perturba en forma significativa los aprendizajes académicos y las actividades diarias del niño. La escritura no es sino la codificación gráfica del lenguaje, y cualquier alteración que perturbe los procesos de lectura puede interferir en la escritura.

El tratamiento se basará en técnicas especialmente aplicadas a la escritura, todo dentro de una enseñanza individual, vigilando muy de cerca la estimulación lingüística global.

Hablamos de Discalculia, o trastorno específico del desarrollo en el cálculo aritmético, cuando el rendimiento del niño en pruebas estandarizadas de cálculo es significativamente menos de lo esperado para su edad y nivel escolar.

Es frecuente que hallemos este fenómeno asociado a la dislexia y a la disgrafía, a trastornos de atención y a problemas perceptivos.

Creemos que es válido cuanto dijimos al hablar de la dislexia, con la salvedad de que en trastornos de cálculo aritmético lo afectado sería el proceso de almacenamiento y recuperación de la información aritmética.

El tratamiento en estos casos, al igual que en la dislalia, debe incluir atención individual y un trabajo específico sobre conceptos aritméticos.

Capítulo 5

Llanto

Llanto

"Tu hijo es muy chillón y deberías hacer algo al respecto. El mayor de los míos era como el tuyo, yo solucioné el problema dejándolo llorar cuanto quiso y subiendo el volumen de la televisión para no oírlo. Con el tiempo dejó de llorar."

A pesar del "sabio consejo", es más prudente visitar al pediatra y contarle lo que sucede, pues un problema de tipo físico puede ser aliviado sin mayor problema gracias a la oportuna visita al facultativo.

El llanto en los niños, como en los adultos, es causado por diferentes causas, entre ellas las emociones. El llanto se produce cuando las glándulas lagrimales secretan en exceso y lo vierten al exterior del cuerpo, acompañado de fruncimiento y enrojecimiento del rostro, alteración del ritmo respiratorio, y muchas veces también de movimientos corporales.

En niños muy pequeños es común que se pueda dar el llanto sin lágrimas, pero a partir de los dos meses de edad las lágrimas acompañan normalmente al llanto.

Hay una frase que dice: "No lloramos porque estamos tristes, sino que estamos tristes porque lloramos", esto resume las distintas interpretaciones del desencadenamiento de la emoción.

El niño llora desde el nacimiento. El llanto es una respuesta innata, no aprendida, ante estímulos como el dolor, el hambre, el sueño, el frío, los ruidos violentos, o cualquier otro estímulo desagradable, amenazador o doloroso; sin embargo, el llanto está también sometido a un proceso de aprendizaje. En teoría, un niño "normal" sólo debería llorar ante situaciones que de "verdad lo ameritan".

La psicología conductista afirma que los niños lloran porque aprenden rápidamente que llorando atraen la atención del adulto; sin embargo, la peor combinación es la de no atender a los niños cuando lloran o sólo hacerlo cuando el llanto se da por motivos importantes, puesto que esto representa un refuerzo intermitente que eleva la tasa del llanto infantil.

Desde el punto de vista de la psicología evolutiva, el llanto infantil varía en relación con la edad. El niño va incrementando su control emocional a medida que va madurando. Otro elemento importante en el control emocional es la aparición del lenguaje, lo que proporciona otros modos de expresión y, en consecuencia, la tasa del llanto disminuye.

Se considera, tanto en los niños como en adultos, que un incremento importante en la tasa de llanto es un síntoma de depresión. El llanto "a la caída de la tarde" es una típica descarga de tensión en los niños normales.

Del mismo modo, se ha comprobado también que la reacción al llanto infantil es poco frecuente cuando los padres abusan de la fuerza física con sus hijos.

La psicología del lenguaje considera el llanto como la primera instalación lingüística del niño. Es la primera experiencia infantil de producción de sonidos a los que acompañan movimientos de laringe y bucales, junto con la retroalimentación auditiva de los mismos, lo que más tarde se usará en la producción deliberada de fonemas.

El llanto es considerado también como el primer vehículo de comunicación verbal entre madre e hijo. Evidentemente existen entre ellos otras formas de comunicación no verbal, pero el llanto inaugura la comunicación fonética: las madres distinguen entre llanto de dolor, de sueño, de protesta o de hambre, logrando así atender a su hijo adecuadamente.

El niño con el llanto llama y el adulto acude, esto es, evidentemente, una forma de comunicación. El llanto es sano, siempre y cuando no lo ocasione un problema grave como sería un dolor físico, ansiedad o miedo.

Los niños muy pequeños lloran para expresar que les ocurre algo. Tal vez el niño tenga hambre, esté cansado, incómodo, sienta algún dolor, tenga demasiado calor o demasiado frío, se haya asustado o muchas otras cosas más. Nunca se debe dejar de atender el llanto de un niño.

Las madres conocemos a nuestros hijos, si estamos seguras de que nuestro pequeño es simplemente un muchacho llorón, debemos armarnos de paciencia mientras crece y madura para que esa situación se normalice. Es posible que ese pequeño aun cuando ya sea mayor, al sufrir el más mínimo problema tenga la lágrima pronta a salir y correr por las mejillas.

Es más, si se trata de una niña muy sensible, no sólo llorará por alguna pena, sino muchas veces emocionada por una escena emotiva ya sea en la vida real o ficticia. Lo más curioso es que a los hombres les sucede lo mismo, solamente que ellos controlan el exhibir sus emociones por temor al ridículo –que no es tal– pero desde tiempos ancestrales se les ha inculcado que "los hombres no lloran", aseveración que, desde luego, está totalmente equivocada.

Comprender y aceptar las emociones de nuestros hijos ayudará al desarrollo correcto del niño. Sería penoso que por incomprensión nuestro hijo desarrollara un carácter tímido y retraído, incapaz de expresar sus emociones con normalidad.

Si se toma a broma, se castiga o se ignora su llanto, se le perjudicará seriamente. Los padres aumentarán las probabilidades de que su hijo crezca feliz y bien equilibrado si le tratan con paciencia y consideración cuando experimente fuertes emociones.

Capítulo 6

Enuresis

Capítulo 6. Enuresis

"¡Juanito! ¡¿Otra vez mojaste la cama?! ¡Esto si no te lo voy a pasar, todos tus amigos van a saberlo! Vamos a ver si no te da vergüenza que se enteren. O te corriges, o te corriges."

Después de la amenaza, aterrorizado por las palabras de su madre, Juanito escapó de casa. Afortunadamente, como solo tenía siete años, corrió a refugiarse con su abuela.

La abuela, más inteligente que la madre, además de recibirlo y consolarlo, buscó a la hija de inmediato, sin que el niño escuchara, le llamó seriamente la atención, haciéndole ver lo absurdo y peligroso de su actitud. Le advirtió sobre su falta de comprensión, pues ese tipo de trato al hijo podría provocar a éste un serio desajuste psicológico que podría marcarlo para toda la vida.

Cuando un niño mayor de cinco años aún moja la cama es porque o no ejerce el control de su micción (orinar) durante la noche; porque tiene una vejiga inestable que no puede retener volúmenes considerables de orina, o porque el pequeño está tratando de llamar la atención hacia sus padres, pues necesita comunicarles algo que lo está angustiando.

Este problema llamado Enuresis, debe atenderse lo más pronto posible. A veces es suficiente con estar pendiente de que el niño vaya al baño antes de acostarse. También se le puede enseñar a realizar ciertos ejercicios con la vejiga que pueden ayudarlo. Si nada de esto da resultado en un corto plazo, es indispensable averiguar la causa del problema y para eso hay que tener ayuda especializada.

Existen dos tipos de Enuresis: la primaria, que generalmente se debe a una causa física, y a un desajuste del ritmo del sueño y al pico de una hormona que contribuye a evitar la micción involuntaria nocturna. El pico de producción de esa hormona se da durante la noche y origina que se produzcan grandes cantidades de orina en la vejiga, que muchas veces ésta no puede retener. En este tipo de Enuresis es necesario acudir al médico para que recete un medicamento que actúe como antidiurético.

En cuanto a la Enuresis secundaria, hay factores psicológicos que podrían ocasionarla. Estos pueden ser desde la separación de los padres, pasando por problemas de violencia interfamiliar o un cambio de domicilio que provoque estrés, hasta el nacimiento de un nuevo hermano.

También se dan casos en que este tipo de Enuresis puede ser provocada por una infección urinaria, razón por la cual se recomienda recurrir a una ayuda especializada –como puede ser el nefrólogo o el urólogo– para poder descubrir rápidamente el problema y resolverlo adecuadamente.

Señales de Alerta

La Enuresis se descubre si un niño, mayor de 5 años, moja la cama prácticamente todas las noches. Es imprescindible atenderlo, pues con el tiempo se agrava el mal y esto impide al menor hacer una vida normal, pues le provocará un estado de inseguridad. No querrá ir de excursión, ni quedarse a dormir en casa ajena temeroso de pasar la vergüenza de mojar la cama.

Cómo Ayudar

✔ Dándole amor y confianza.

✔ Hablando con el niño del problema, demostrándole comprensión.

✔ Hacerle sentir que su trastorno es común en muchos niños y que siempre se corrige.

✔ Siendo discreto, asegurrle que nadie más sabrá sobre su bochornoso "secreto".

✔ Convencerle de ir con confianza al médico.

✔ Pedirle que ayude a poner en su cama sábanas secas y limpias, no como una forma de castigo, sino para que tome conciencia del problema.

✔ Preguntarle cómo logró no mojar la cama aquel día en que no lo hizo. Tratar de que se hagan recurrentes esta situación.

Jamás debe de

✖ Avergonzarlo ante otras personas.

✖ Castigarlo por mojar la cama.

✖ Angustiarlo con problemas familiares.

✖ Prestar notoriamente más atención al nuevo hermano si éste llegara.

✖ Permitir a cualquier miembro de la casa le comente que se ha dado cuenta de su problema.

✖ Hacerle notar una gran preocupación hacia su Enuresis.

✖ Convertir en tabú familiar el suceso, haciendo de esto un tema "prohibido" o "algo malo" de lo que ni siquiera se puede hablar.

✖ Presionarlo o intimidarlo antes de irse a dormir de no orinarse en la cama.

Capítulo 7

Hiperactividad

Hiperactividad

Una tarde llevé a mi hija al dentista. Tuve que esperar ya que el consultorio estaba lleno de pequeños que daban una lata tremenda a la cual se unió de inmediato mi hija. Había un niño que verdaderamente estaba insoportable. No se limitabda a juguetear y correr por el pasillo como los demás. Ese niño, a pesar de las amenazas de su madre, se trepaba en los sillones, volteaba las mesas y trataba de colgarse de las cortinas de las ventanas. La mamá, apenada se disculpaba constantemente y trataba inútilmente de controlar al chico.

Para evitar que el desbarajuste en la sala de espera continuara, lo pasaron antes que a los demás. Al parecer, dentro del consultorio se puso peor, pues a los diez minutos salió acompañado del dentista, quien se veía alterado mientras le sugería a la madre que regresaran el sábado siguiente. Yo sabía que el odontólogo no trabajaba los sábados.

Mientras la madre trataba de ponerle el abrigo, me comentó que ya no sabía qué hacer, pues el comportamiento del niño era igual en todas partes. Le sugerí que consultara a un terapeuta para niños. Como ella no conocía a ninguno, le di el número telefónico de uno. Varios meses más tarde me llamó nuevamente, en esa ocasión fue para agradecerme la orientación proporcionada.

Me contó que el comportamiento del niño iba mejorando, y los pronósticos de la terapeuta eran que muy pronto su hijo cambiaría completamente de actitud.

Con el tiempo nos hicimos amigas. Fue entonces cuando me confió que su hijo era Hiperactivo, y gracias a la oportuna intervención de la terapeuta se estaba encauzando correctamente la energía del pequeño. En lugar de emplearla en actos negativos, ahora la empleaba en el deporte y en el estudio. Mi nueva amiga estaba feliz.

Hay niños con Trastorno de Déficit de Atención (TDA) y además hiperactivos, por lo que algunas madres deciden darles ellas mismas lecciones en casa pues no se atreven a enviarlos a la escuela. Eso no es lo más apropiado para la educación y terapia de los niños con ese tipo de problemas, además se convierte en una situación difícil de tolerar para los padres.

Por alguna razón, los padres de niños hiperactivos creen que el comportamiento de sus hijos es un trastorno único y que nadie más ha enfrentado algo así n. Pero no es así, ese tipo de problemas existen desde tiempos inmemoriales, en la misma Biblia se mencionan casos de hiperactivos.

Por ejemplo, David tenía tanta energía que su madre lo enviaba diario al campo a matar leones y osos. ¿Se puede el lector imaginar a los padres de Sansón teniendo que explicar a sus vecinos

palestinos por qué siempre salía su hijo triunfan-
te en las peleas?

Ahora bien, en la actualidad está de moda etiquetar como hiperactivos a los niños distraídos e
inquietos, ello aún sin hacerles ningún tipo de va-
loración psicológica y neurológica. Hay que tener cuidado con esto, pues muchos de estos niños están siendo medicados sin necesidad.

Los niños hiperactivos tienen necesidades especiales. Son impulsivos, irritables, difíciles de
controlar, de disciplinar, encuentran aburrida la
escuela y hacen un gran esfuerzo para retener lo
que les enseñan, mientras su comportamiento desesperan a los maestros. Quieren libertad para inspeccionar todo, son temerarios y precoces. También son brillantes, de corazón bondadoso y tienen una desmedida energía que hay que saber
encauzar.

Tratar un niño así no es cosa de broma. Muchos padres se sienten frustrados y desearían que
sus vástagos fueran comunes y corrientes; sin
embargo, no hay que desanimarse.

Hay que enfatizar el hecho de que esos niños
especiales, para conducirlos correctamente por
la vida, también hay que amar su alma, su corazón y su mente. Ellos hacen todo con gusto, siempre y cuando se trabaje consistentemente en su
entrenamiento y se haga con cariño.

Los maestros deberían estar mejor preparados
para reconocer a los niños hiperactivos. La ma-

yoría de los profesores se queja de ellos diciendo que entorpecen la marcha de la clase, no avanzan al ritmo de los demás, dificultan la convivencia, etcétera. A veces están convencidos de que no rinden simplemente porque no quieren y transmiten esa idea equivocada a los padres.

La primera consecuencia, si no se pone remedio a tiempo, es el fracaso escolar. Ante las primeras sospechas de que el niño es más nervioso e impulsivo que los demás, lo más recomendable es acudir con el neurólogo infantil para diagnosticar correctamente al niño. Este especialista orientará adecuadamente a la familia para aprovechar al máximo las potencialidades del niño.

Es importante diferenciar un niño hiperactivo de uno rebelde. Una mente y cuerpo activos son definitivamente regalo de Dios. La vitalidad y la excitación deberían de ser bienvenidos y no rechazados. Sin embargo, a veces el término hiperactivo puede ser excusa para llamarles rebeldes y desobedientes. Esto es un error, hay que saber cuándo determinar que el menor ha cruzado la línea y está fuera de control.

A ese tipo de niños hay que tenerlos siempre ocupados, pues de forma natural, con su agilidad mental, se aburren con facilidad y buscan algo para entretenerse.

Un niño hiperactivo, desde la cuna, puede comenzar a tratar de salirse de ella para ir a inspeccionar y conocer los objetos que encuentra a su paso. Es por eso que hay que tener gran cuidado en cómo guiarlos y disciplinarlos: ni apretar mucho ni soltar demasiado. Tampoco hay que etiquetarlos, pues se podría caer en el error de que en lugar de potenciar sus habilidades, se les repriman.

Es indispensable también que los padres no inventen excusas por el mal comportamiento del hijo, pues si ellos lo justifican siempre alegando que ser trata debido al trastorno del niño, éste puede llegara creer que es un enfermo incurable. Es sorprendente saber cuántos niños bien controlados se pueden conducir por el camino correcto sin hacerles sentir que son diferentes. Debemos ser tolerantes cuando se salen de control, o se volverán amargados. El gran secreto consiste en enseñarles cuál comportamiento es el correcto, haciéndoles entender que la llave de todo está en tener un balance entre disciplina, instrucción y hacerle ver cuando está actuando mal. Los niños no poseen aún los recursos para corregir esas conductas que provocan tanto enojo entre padres y maestros.

Se les debe hacer notar si son desobedientes, irrespetuosos, desconsiderados, egoístas, etcétera. Explicarles con claridad por qué no deben actuar así. Hay que manejar su energía en forma positiva y serán amables bondadosos, obedientes y productivos. Si frecuentemente confunden lo real con lo irreal, es necesario acudir a la ayuda especializada. A partir de los siete años, y si no se les ha apoyado, pueden sentirse que no son queridos y se encuentran aislados, tristes y solos. Cualquier buen comportamiento es el momento oportuno para estimularlo y felicitarlo, enriqueciendo así su autoestima.

Es necesario señalar que frecuentemente los niños hiperactivos también pueden sufrir de TDA, problemas de aprendizaje, dislexia, desórdenes de conducta, personalidad antisocial, síndrome de Tourette (movimientos corporales incontrolables y sonidos vocales involuntarios), problemas de lenguaje (especialmente con el lenguaje expresivo), problemas de sueño, depresión, ansiedad y brouxismo (rechinar los dientes durante la noche).

Señales de Alerta

⌂ Demasiada energía en el niño y mal encauzada.

⌂ Persistencia en la mala conducta a pesar del regaño o el castigo.

⌂ Excesivo desinterés en la escuela.

⌂ Cambios bruscos de estado de ánimo.

⌂ Periodos muy cortos de atención.

⌂ Ansiedad.

Cómo Ayudar

✔ Buscar ayuda especializada.

✔ Insistir en que tenga calma en lo que hace. Por ejemplo, que no se pare de la mesa hasta terminar de comer.

✔ Tener siempre una sonrisa para cuando se le está entrenando aunque no respondan al estímulo de inmediato.

✔ Tener un correcto balance entre disciplina e instrucción. Hacerle ver claramente cuando una conducta es la incorrecta.

✔ Ocuparlo con actividades recreativas que ayuden a su desarrollo psicomotor, al intelecto y que fije su atención.

✔ Investigar los aspectos que acompañan a la hiperactividad para saber cómo manejarla.

Jamás debe de

✘ Reírse de él cuando hace algo embarazoso.

✘ No tomarlo en serio.

✘ Pasar por alto el que sea irrespetuoso o grosero.

✘ Hacerlo sentir diferente.

✘ Permitirse que en la escuela no le pongan la atención necesaria.

✖ Permitir que se le maltrate física o verbalmente.

✖ Justificarlo cuando ha actuado mal.

✖ Catalogarlo de hiperactivos sin un diagnóstico adecuado.

✖ Anteponer su hiperactividad como justificación a sus actos.

Capítulo 8

Agresividad

Agresividad

"¡Dios mío! Dije cuando vi a Daniel agarrándose a puñetazos con otro niño. Rápidamente corrí a separar a los niños y a averiguar a qué se debía la pelea. Daniel, aún enfurecido, estaba acalorado y en sus ojos había lágrimas de rabia. El otro niño se veía asustado, sus lágrimas eran de dolor por los golpes recibidos. ¿A qué se debe esta pelea?, pregunté, de inmediato Daniel exclamó: ¡Mario tuvo la culpa! Yo estaba en la cola de la cooperativa para comprar y llegó a "colarse" delante de mí."

Una de las niñas que observaba todo, dijo: "Daniel siempre es así maestra, nos pega a todos, hasta a las niñas". "¡Sí, es cierto!", secundó otra niña." Además", dijo otro niño, "siempre dice groserías". Yo estaba asombrada de oír aquello. Acababa de conocer a Daniel, y aunque era un poco distraído y travieso no había notado esa agresividad.

Desafortunadamente los niños tenían razón. la conducta de Daniel era agresiva, no podía controlar sus impulsos, apenas había algo que lo disgustara y agredía de inmediato a sus compañeros. Decidí hablar con él, pero no obtuve ningún resultado, sólo confirmar que el niño no controlaba su carácter.

Cuando le dije que en vista de no tener su colaboración, tenía que informarle a sus padres sobre su comportamiento. Con su reacción comprendí entonces de dónde venía el problema: el niño se aterrorizó y me contó en la forma que lo corregía su papá, ¡a golpes! De cualquier manera sentí que mi deber era informar a los padres. Cité sólo a la madre para explicarle lo que estaba sucediendo, sin comentar que sabía que lo golpeaban.

Aconsejé a la madre sobre la conveniencia de llevar al niño con ayuda especializada. Ella contestó que no creía que su marido accedería. Yo insistí, asegurándole que el especialista encontraría el origen del problema y les ayudaría a resolverlo. Aunque pasó el tiempo, ahora Daniel ha cambiado, es un niño más tranquilo y controla sus impulsos.

La agresividad infantil es uno de los trastornos que más invalidan a padres y maestros, aunque muchas veces no es intencionada, siempre termina por dañar a las personas. Ese daño puede ser físico o psíquico.

Desde que nace, el ser humano tiene comunicación no verbal con su madre. Ese hecho es de gran importancia para el desarrollo del nuevo ser. Si ante su llanto desolado no sólo le confortan con comida y pañales limpios, sino que además le proporcionan estimulación suave, abrazos y arrullos, él gradualmente desarrollará sus capacidades humanas. Los niños pequeños se enfadan, se asustan y lloran con facilidad. Aceptar sus emociones con paciencia, comprensión y simpatía ayuda al niño a crecer feliz, equilibrado y con adecuados hábitos de conducta.

Por lo regular los hijos de madres enfermizas o inestables tienden a ser tímidos. Las madres sobreprotectoras, producen niños ansiosos, preocupados, miedosos e inseguros. La confianza del niño en sí mismo es muy importante para su desarrollo. La ansiedad en los padres hace al niño más vulnerable.

Hay dos tipos de niños agresivos, los sociales y los antisociales. Los primeros son los que se organizan en bandas. Esos roban, se van de la casa, escapan de la escuela, llegan tarde, mienten, fuman. Los primeros signos de esto son las llamadas malas amistades, por lo que comienzan con robos en colaboración.

Los segundos, son bocones y presumidos, desobedientes, causan problemas en la escuela, son groseros, mienten, son poco populares, destructores, violentos y peleoneros.

En los niños pequeños la agresividad generalmente se presenta como un acto violento físico o verbal. Primero con patadas, empujones o con insultos, malas palabras y demás. Hay también agresividad indirecta, que es aquella cuando el niño agrede objetos pertenecientes a la persona con quien está enojado (el auto del maestro, los juguetes del hermano, etcétera).

Los arrebatos ocasionales de agresividad son normales en la infancia, pero si el niño persiste en ese tipo de conductas y es incapaz de dominar su carácter, se convierte en un niño frustrado, rechazado por sus compañeros y maestros, sufriendo él y sus padres.

A menudo encontramos niños agresivos, manipuladores o rebeldes y no sabemos cómo actuar para que cambien de conducta; sin embargo, si se detectan estas conductas a tiempo, se puede evitar que surjan trastornos psicológicos posteriores . Un comportamiento agresivo en la infancia, si no se trata adecuadamente, probablemente ocasione fracaso escolar y conducta antisocial en la adolescencia, lo que puede acarrear serios problemas a la edad adulta.

Generalmente, si un niño reacciona con agresividad se deba a que no se le dirige correctamente o imita a sus padres, a otros adultos o compañeros. Cuando los padres acostumbran castigar mediante violencia física o verbal, se convierten en modelo para el niño de esas conductas agresivas. Esa situación tiene consecuencias: si el niño encuentra favorable ese comportamiento, será cada vez más agresivo para conseguir sus objetivos. Del mismo modo, si un padre accede a lo que su hijo demanda gritando y pataleando, reforzará esa conducta agresiva, con lo cual garantiza que su actitud se repetirá en el futuro.

Otra contradicción de los progenitores es gritarles a los hijos para que ellos no lo hagan, acción que sólo empeora la situación y su conducta.

La conducta del niño depende sobre todo del tipo de disciplina a que lo someten. Se ha demostrado que tanto un padre poco exigente, como uno demasiado severo, fomentan el comportamiento agresivo en los niños. Otro factor importante es la incongruencia en los padres, pues mientras el padre regaña al hijo, la madre lo solapa, o viceversa.

Una vez que nos percatemos de que la agresividad es una conducta aprendida, también sabremos cómo modificarla. Necesitamos cambiar nosotros, los adultos, de esa manera poco a poco lograremos que la agresividad desaparezca.

Necesitamos también de la perseverancia y la paciencia para alcanzar el éxito en esta empresa. Los resultados nos sorprenderán agradablemente, pues no sólo nuestros hijos mejorarán su calidad de vida, sino que nosotros mismos la superaremos también. Destierre en su hijo y en usted mismo la agresividad y le aseguramos que ambos y las personas que los rodean serán más felices.

En la conducta agresiva también influyen factores orgánicos como problemas de salud, mala nutrición, mecanismos cerebrales o factores hormonales. Cuando se presenta la agresividad y sabemos que el ambiente en que se desarrolla el niño es tranquilo y cálido, se recomienda recurrir a la ayuda especializada para conocer cuál es el problema real del niño.

Señales de Alerta

🔔 Se altera ante una frustración o es intolerante a ella.

🔔 Grita, insulta o pelea ante un desacuerdo.

🔔 No acepta y se enfurece si otros niños le toman ventaja en el juego.

🔔 No desarrolla habilidades para resolver los conflictos que se le presentan.

Cómo Ayudar

✔ Siendo congruente. Siendo justo.

✔ Hacerle ver que no obtendrá nada positivo con actitudes agresivas.

✔ Evitar el contacto con personas agresivas.

✔ Enseñarle a permanecer calmado ante las provocaciones.

✔ Escuchar las necesidades del niño evitando que se frustre y reaccione en forma inadecuada.

Jamás debe de

✘ Castigársele de acuerdo a nuestro estado de ánimo, sino como causa de la conducta emitida.

✘ Castigarlo, regañándolo o gritándole.

✘ Aceptar excusas o promesas cuando el niño ha hecho daño verbal o físico.

✘ Una vez terminado el castigo, reprocharle a cada momento la falta que cometió.

✘ Golpearlo con coraje al perder la paciencia.

Capítulo 9

Insomnio Infantil

Insomnio Infantil

"De verdad no puedo seguir así, no doy pie con bola. Aún en junta cabeceo, se me cierran los ojos, todo mundo se ha dado cuenta. Si continúo igual voy a perder el empleo", dijo Luis, un padre joven, a su esposa.

El motivo del cansancio de Luis era el mal dormir de su hijo, un niño de seis años; un mal que iba de mal en peor. Sin razón aparente que lo justificara, el niño despertaba varias veces por la noche, permaneciendo despierto largo tiempo antes de volver a conciliar el sueño. Además el niño tenía la costumbre de pasarse a la cama de los papás, despertándolos e impidiendo que descansaran.

Cuando se ponían estrictos y lo devolvían a su habitación, con el consabido regaño, escuchaban cómo sollozaba el niño por horas y acababan por ir por el hijo para llevarlo a su lado.

Desesperados por la situación, decidieron recurrir al pediatra para ver si le recetaba algún tranquilizante al niño, pero el médico, en lugar de recetar medicamentos, les explicó el problema:

La dificultad del niño para dormirse, el despertar frecuente y el sueño superficial es señal inequívoca de que el niño padece insomnio.

"¿¡Insomnio!?, ¿a su edad?", exclamaron escandalizados los padres, ¿por qué?

El especialista les explicó que se debía a que no se le educó debidamente en el hábito del sueño desde los primeros meses de vida, o se debía a situaciones en casa que lo alteraban cerca de la hora de dormir. En médico les aconsejo que antes de pensar en administrarle medicamentos para traquilizarlo, debían tratar de reeducarlo y estimularlo para un buen dormir.

Si un niño despierta ocasionalmente una o dos veces por la noche, logrando después volverse a dormir en un lapso corto, no es motivo de alarma, pero si ese trastorno se repite constantemente por las noches, costándole conciliar el sueño nuevamente, hay que atenderlo de inmediato.

Como todos los hábitos, el del sueño también se aprende por repetición, por lo que hay que usar esa misma táctica una y otra vez hasta lograr resultados positivos. Enseñar a dormir es una tarea que también les enseña a los hijos a ser independientes, que no necesiten junto a los papás. Esta tarea, que en realidad es sencilla, hay que irla induciendo poco a poco desde la época de cuna, si no se hizo así, habrá que corregirla.

Lo primero para reeducar a los niños en dicho hábito es crear un ritual, por ejemplo, bañarlo antes de merendar. Durante la merienda crear un ambiente cordial y tranquilo. Al llevarlo a la cama procurar contarle un cuento o platicarle algo amable. Darle las buenas noches, apagar la luz y salir de la habitación cuando aún está despierto.

Esta rutina, si se lleva a cabo con la seguridad de que se está haciendo lo correcto, logrará curar el insomnio del menor en poco tiempo.

Desde luego, no se trata de algo mágico. Las primeras veces el pequeño quizá se levantará, llorará y tratará de irse a la cama de los papás, pero todas las veces, sin mostrar enojo alguno, se le devolverá a su cama explicándole que se trata de dormir; que los padres están muy cerca y siempre pendientes de él, pero que llegó el momento de dormir solo. No hay que ceder aunque el niño se ponga a llorar. Deberá seguir hablándosele en el mismo tono, aunque el niño haga un gran berrinche. Debe de aprender cómo van a ser las nuevas costumbres para dormir.

El secreto del éxito en esta rutina está en la fortaleza de los padres. Hay que ser firme cuantas veces se levante, los llame a gritos o entre lágrimas, insistiendo otras tantas veces a que permanezca en su cama y recordándole que de allí en adelante las cosas van a ser como digan papá y mamá. Cabe recordar que no es el niño quien decide cómo se hacen las cosas, sino los padres.

Dará confianza al niño tener siempre a la hora de acostarse un juguete de su predilección, esto ayuda para darle tranquilidad y seguridad al pequeño.

Un niño que después de los cinco años no ha superado el insomnio, puede sufrir en adelante problemas más serios, tales como pesadillas y sonambulismo.

Señales de Alerta

🔔 El niño despierta dos veces o más casi todas las noches.

🔔 Está cansado o decaído en las mañanas.

🔔 Anda somnoliento durante el día.

Cómo Ayudar

✔ Que no se quede sin cenar.

✔ Que cene demasiado y cerca de la hora de ir a la cama.

✔ Las horas cercanas a la siesta sean apacibles.

✔ Aconsejarle cómo resolver cualquier problema que le preocupe antes de dormir.

✔ Los niños son altamente sensibles y perceptivos, los enojos se reflejan en un sueño inquieto.

✔ Darle la seguridad de que no será abandonado, siempre que necesite algo los padres estarán ahí.

Jamás debe de

✖ Prometérsele algo o castigarlo.

✖ Discutir acaloradamente frente a él cerca de la hora de dormir.

✖ Dejar que se vaya a la cama con preocupaciones, dudas o resentimientos.

Capítulo 10

Pesadillas

❀❀❀❀❀❀❀❀❀❀❀❀❀❀❀❀❀❀❀❀❀❀❀❀❀❀❀❀❀

Pesadillas

Las pesadillas son la ensoñación de contenido angustioso que suelen aparecer a la mitad del tiempo del sueño. Se acompañan de una moderada ansiedad y pueden ser recordadas por quien las sufre. La amenaza creciente de las secuencias oníricas acaba generalmente por despertar al que la está soñando.

Esa situación en los niños, siempre más vulnerables a la vivencia intensa del contenido de los sueños, puede manifestarse bajo la forma de los denominados "terrores nocturnos", que son más frecuentes entre los cuatro y 12 años, tendiendo a desaparecer en la adolescencia.

Las pesadillas son episodios desagradables que nos despiertan bruscamente, precedidos muchas veces por llanto y sensación de angustia. En el niño se presentan como una expresión asustada, con las pupilas dilatadas, sudoración abundante, respiración y pulso acelerados, así como movimientos agitados.

En el momento de despertar, a lo sumo existe un recuerdo fragmentado de las imágenes soñadas, así como una probable amnesia a la mañana siguiente. Su aparición es facilitada por un desmedido cansancio o por alguna recurrente experiencia emocional fuerte.

En sí mismas, las pesadillas no tienen una específica significación patológica a no ser que coincidan con otros factores de alguna enfermedad relacionada con éstas, porque de ser así, deberá ser tratada adecuadamente.

En cualquier caso se debe reflexionar en cuáles son las posibles circunstancias que pueden motivarlas, como son la tensión emocional excesiva, algún suceso durante el día, etcétera.

Una vez descubierto el motivo por el cual el pequeño se angustia, debe evitarse hasta donde se pueda ese tipo de situaciones, al tiempo que es preciso dar seguridad y apoyo emocional al niño.

Cómo Ayudar

✔ Procurar que el menor esté tranquilo a la hora de ir a dormir.

✔ Evitar que escuche conversaciones sobre sucesos violentos.

✔ Evitar que vea programas de televisión que lo alteren.

✔ Que sienta la presencia cercana de un familiar, sobre todo cuando el niño lo necesita.

✔ Darle las buenas noches con demostraciones de amor.

Capítulo 11

Terrores Nocturnos

❁❁❁❁❁❁❁❁❁❁❁❁❁❁❁❁❁❁❁❁❁❁❁❁❁❁❁❁❁❁❁❁

Terrores Nocturnos

Una noche, cuando todos dormían plácidamente en casa de los señores González, un grito de terror despertó a la familia. Era uno de sus pequeños hijos, quien sentado en su cama manoteaba como si se defendiera de algo que lo estuviera atacando. Los padres se acercaron a calmarlo con palabras y caricias suaves, asegurándole que no había motivo alguno para que se asustara, logrando después de un rato que se tranquilizara.

Desafortunadamente, cada cierto tiempo el problema volvió a presentarse trayendo consigo varias secuelas en el niño: se veía pálido, triste, desmejorado e inapetente.

Preocupados, los González llevaron al niño con el pediatra, quien les explicó que algunos niños sufren terrores nocturnos debido a algún acontecimiento que los impacta profundamente, o a algún conflicto personal que los tiene angustiados. Les aconsejó averiguar qué era lo que pasaba y trataran de resolver el problema haciéndole ver al niño que lo que lo había alarmado pertenecía al pasado.

De continuar el niño con los terrores nocturnos, lo mejor sería acudir con un especialista, quien sin lugar a dudas resolvería definitivamente el problema del menor.

Algunos comportamientos patológicos como

los terrores nocturnos no son sino las respuestas a ciertas manifestaciones de la "angustia infantil", y expresan la existencia de un conflicto interno no resuelto. Eso ocasiona que por la noche, después de algunos angustiosos gritos, el niño se siente en la cama, aterrado, y haga como si se defendiera de algo. Los terrores rara vez se repiten en una misma noche, pero sí pueden darse varias noches consecutivas. Son menos frecuentes que las pesadillas.

Cómo Ayudar

✔ Si el problema es agudo, alguien deberá dormir en la misma habitación del niño por una temporada. Esto tranquilizará al menor y le dará seguridad. Una vez que los terrores van desapareciendo, se le podrá ir dejando solo hasta que no sea necesario acompañarlo.

✔ Procurar que no vea películas o caricaturas violentas, sobre todo cerca de la hora de dormir.

✔ De subsistir el problema, es aconsejable acudir al especialista para que dictamine el camino a seguir.

Capítulo 12

Miedos Infantiles

Miedos Infantiles

"Karen es una niña problema, le tiene miedo a todo. Si sale al jardín piensa que le va a picar alguna abeja, si le dan de comer pescado teme intoxicarse, si salen a jugar le asusta que alguien la vaya a secuestrar, pienso que sería bueno tratar de tranquilizarla y darle seguridad."

Los miedos infantiles son una reacción emocional del niño ante situaciones reales o imaginarias, todas ellas vividas como peligrosas. Esos miedos son un fenómeno psicológico normal que cumple una función adaptativa, ya que gracias a ese miedo tenemos la noción de peligro: no tener miedo se puede considerar anormal.

No todas las personas tienen el mismo grado de miedo, pero cuando éste alcanza un grado desproporcionado podemos hablar de una patología. En estos casos el miedo se halla asociado a otras alteraciones como son la ansiedad, las obsesiones, las fobias, etcétera. Un cierto nivel de miedo se da a lo largo de toda la vida del individuo, aunque los objetos o situaciones que lo produzcan puedan variar en función de la edad.

En los niños es difícil diferenciar el miedo considerado "normal" de otros estados como la angustia o la ansiedad, ya que su debilidad e inseguridad frente al mundo dará lugar a respuestas de mayor intensidad.

El miedo aparece cuando existe una amenaza,

cuando se rompe el equilibrio que rodea al niño. En el primer periodo de vida del niño, es decir, hasta los tres meses de edad, son los cambios o desequilibrios provenientes del interior de su organismo los que le provocan miedo.

En una segunda etapa, hasta los seis meses de edad, el niño tiene miedo a los cambios que provienen del exterior: lo altera todo aquello que no conoce, como objetos, animales o personas.

En el séptimo y octavo mes el niño distingue a las personas cercanas de los extraños, estos le provocan muchas veces sentimientos de miedo e inseguridad. Esa reacción no se relaciona tanto con experiencias desagradables con los extraños, sino como con la angustia que le provoca la separación de la madre. A partir del primer año surgen otras características en el miedo infantil como una tendencia a la generalización del miedo.

Miedos infantiles más frecuentes

☹ A los animales.

☹ A fenómenos naturales como rayos y truenos, etcétera.

☹ A enfermedades y daños corporales.

☹ A la propia muerte.

☹ A la muerte de seres queridos.

☹ A relaciones personales hostiles o agresivas.

☹ A lugares cerrados.

☹ A la oscuridad.

☹ A la violencia física.

Los miedos aparecen en todos los niños y a veces son benéficos, los libra muchas veces de situaciones peligrosas; sin embargo, empiezan a ser patológicos cuando se repiten con frecuencia y sin motivo aparente; cuando persisten en una edad en que razonablemente debían haber desaparecido y cuando sus manifestaciones son particularmente intensas y violentas.

No obstante, pueden existir razones que justifiquen esas características en los miedos infantiles como actitudes educativas demasiado rígidas adoptadas por padres y maestros, o vivencias de situaciones traumáticas. Finalmente habrá que valorar, para considerar el miedo como patológico, otras actitudes del niño.

Miedos patológicos infantiles

✍ Además del miedo comience a ser diferente. Presente ansiedad exagerada, otros temores, terrores nocturnos, moje la cama o comience a sacar malas calificaciones.

✍ Aparezcan antiguos temores olvidados, crisis de miedo frecuentes y generalizadas. El miedo no sea el único trastorno, pues aparecen otros como la agresividad.

Cuando concurren estos síntomas se puede pensar en la existencia de una patología. En esta ocasiones bastará, a veces, con la revisión y modificación de determinados errores educativos, falta de comprensión.

Si las consideraciones educativas se cumplen y persiste la ansiedad habitual o aparecen fobias a determinados objetos y situaciones, debe considerarse la posibilidad de un diagnóstico psicológico y un posible tratamiento.

Cómo Ayudar

✔ Enseñarle la importancia de la valentía, sin ser temerario.

✔ Convencerlo de que el miedo no permite actuar con sensatez.

✔ Explicarle que los abusivos actúan cuando ven que alguien les teme.

✔ Demostrarle con historias, de acuerdo a su edad, que los grandes hombres y mujeres han sido valientes.

Capítulo 13

Trastorno por Déficit de Atención (TDA)

Trastorno por Déficit de Atención (TDA)

Muy disgustado un padre de familia veía junto con su esposa, las calificaciones de su hijo: "¡Yo no voy a firmar esto, trae unas calificaciones de vergüenza!"

–No te enojes–, rogó la madre – le cuesta mucho trabajo estudiar.

–¿Quieres decir que es un retrasado mental?– bramó el padre.

"De ninguna manera sólo distraído. Quizás tiene algún problema que lo trae preocupado."

Como generalmente sucede, la madre trató de justificar al hijo y evitar que el padre lo castigara. Así había sucedido mes con mes y año con año desde que el pequeño ingresara al colegio. Sólo que los problemas iban creciendo al parejo del chico, así como la preocupación de la mamá y el enojo del papá.

Un hermano de la señora le dijo que lo que sucedía con su sobrino no era normal, y consideraba que esa situación no se debía dejar a la deriva. Le explicó que el problema no se podía atender en forma doméstica y le aconsejó llevarlo con una persona especializada en problemas de Enseñanza–Aprendizaje. Fue entonces cuando los padres se enteraron de que su hijo sufría de TDA.

El Trastorno por Déficit de Atención (TDA)no

es una manifestación de retraso mental. Generalmente, los niños que la padecen tienen un poten-
cial intelectual promedio –muchos aún superior–
tienen facilidad para el arte, la música. Algunos
tienen buen sentido del humor, son espontáneos,
con mucha energía y determinación.

Los síntomas del TDA pueden empezar a aparecer desde la primera infancia, alrededor de los
cuatro años, siendo más común en varones que
en mujeres. Por lo general, este trastorno no es
detectado hasta que el infante entra a la escuela.

Una característica física que salta a la vista son
sus movimientos continuos aunque estén senta-
dos, así como la impulsividad que no pueden controlar. Hay incapacidad para prestar atención, situación que les lleva a vivir en su propio mundo,
alejados de las normas convencionales.

Según los especialistas, alrededor de siete por
ciento de niños, y cuatro por ciento de niñas en
edad escolar padecen el síndrome de déficit de
atención o hiperactividad.

Una de las principales causas de la hiperactividad son los factores genéticos, aunque también pueden afectar otros factores internos y ex-
ternos. Por ejemplo, una amenaza de aborto de la
madre, estrés, anemia durante el embarazo, su-
frimiento fetal en el parto, pequeña malformación
cerebral, meningitis, encefalitis, traumatismos y
crisis epilépticas sin control médico, entre otras.

Los síntomas del déficit de atención son la

inatención o Distractibilidad (capacidad de atención corta). Los hiperactivos siempre se están moviendo, no pueden estar quietos y mantienen un continuo movimiento de pies y manos.

Son impacientes e impulsivos, sin pensar en las consecuencias de su conducta. Atentos a gratificaciones inmediatas y momentáneas que ponen a ellos mismos y a los demás en peligro. Toman riesgos innecesarios. Sufren de tics nerviosos. Tienen dificultad para interactuar con los demás, pues les cuesta trabajo jugar con otros niños que no tienen TDA y compartir sus juguetes. En ocasiones se vuelven agresivos.

A principios de los años cuarenta se pensaba que los hiperactivos sufrían de daño cerebral, sin embargo, su apariencia era normal y pasó mucho tiempo para rebatir esa teoría, pues en la mayoría de los casos las dificultades parecían estar más bien relacionadas con el funcionamiento cerebral, es decir, que los "circuitos estaban conectados en forma diferente" o funcionaban en forma distinta.

Luego de estudiarlos concienzudamente algunos especialistas denominaron las dificultades académicas agrupándolas en grandes categorías.

Para comprender mejor al niño con TDA se deben tomar en consideración todas las dificultades y lo que afecta en cada aspecto de su vida y no sólo en el salón de clases. Este tipo de niño deberá ser comprendido para ser ayudado. Se le deberá enseñar apoyándose en sus áreas fuertes en lugar de resaltar sus áreas débiles para evitar que este trastorno cause problemas en el ámbito familiar.

Generalmente, el maestro es el primero en sospechar que el niño presenta TDA al notar su dificultad en el aprendizaje, siendo su deber compartir sus observaciones con la familia y obtener la colaboración de ella para la debida atención del pequeño, asegurándose que acuda con un especialista y sea correctamente evaluado, entre otras cosas para que no experimente el sentimiento de ser un inadaptado.

Cuando estos niños están trabajando en algo, en un principio tienen imágenes mentales claras, pero al poco rato empiezan a cometer errores aun cuando conozcan sobre lo realizado. Pueden volver a hacer bien las cosas, para luego cometer fallas otra vez. Así hasta que finalmente llega el cansancio y el aburrimiento.

Hacen las tareas a medias, copian del pizarrón sólo una parte de la tarea pero creen que lo han hecho completo. Pierden continuamente lápices, cuadernos, la mochila, etcétera. Se lavan a medias los dientes, cepillan mal su pelo, se bañan a medias, entre otras cosas.

Algunas veces afrontan su problema fracasando deliberadamente: hacen el papel de payaso para distraer la atención de sus fracasos, asumen una actitud de "no me importa" y hay deserción escolar.

El mayor problema de este trastorno es el bajo

cientes de los problemas de nuestros hijos, eso puede hacer la diferencia entre una persona feliz y una incapacitada para desenvolverse adecuadamente en nuestra sociedad.

Señales de Alerta

& Desatención.

& Letargo. Parecen estar en "otro planeta".

& Falta de Motivación. Nada les interesa.

& Sueñan despiertos.

& Cansancio.

& Interioriza sus dificultades, se deprime y aísla.

& Dificultad para retener o entender lo que le enseñan en la escuela.

& Tiene problemas para jugar con otros niños.

& Se observa una gran diferencia entre su aprendizaje y el de los niños de su edad.

Cómo Ayudar

✔ Construir sobre sus puntos fuertes más que resaltar sus puntos débiles.

✔ Resaltar más lo que piensa que lo que expresa.

✔ Informar a la familia –sobre todo a los hermanos– que hay que comprenderlo y tratar de evitarle frustraciones.

✔ Documentarse acerca del problema.

Jamás debe de

✖ Exponerlo. Debe haber comunicación fami
liar para que los hermanos no pregunten: "¿Es
culpa mía?", "¿Me va a contagiar?", "¿Se va a
morir?"

✖ Permitir que alguien en casa lo trate despectivamente.

✖ Pensar o externar que el niño está perturbado.

✖ Sentirse rechazado por el niño.

✖ Frustrarse ante sus berrinches y castigarlo.

✖ Enfocarse demasiado en el niño, cambiando la
dinámica familiar dañando la relación de pareja.

✖ Evitar comentarios de parientes y amigos
acerca de cómo se maneja el problema.

✖ Presionarlo para que sea como los demás.

✖ Compararlo.

✖ Hacerlo sentir incapaz.

✖ Sobreprotegerlo.

Capítulo 14

Problemas Psicosomáticos

Problemas Psicosomáticos

Quién no ha oído a una madre comentar preocupada que a su hijo se le cae el cabello, y aunque ha seguido los consejos de las amigas aplicándole diferentes remedios caseros, estos no dan resultado. Este problema de la caída del pelo (Alopecia), la pueden provocar diferentes motivos:

Alopecia
☞ Traumas emocionales.
☞ Un abandono imaginario o real.
☞ La pérdida de una relación significativa.
☞ El nacimiento de un hermano, etc.

También hemos escuchado a algunas madres quejarse de que su hijo tiene ronchas y se rasca todo el día; le ha puesto ungüentos y por alguna razón no parecen aliviarlo. La piel es el espejo de los conflictos psíquicos, es decir, las emociones provocan alteraciones en la piel como:

Piel
☞ Urticaria.
☞ Neurodermitis.
☞ Eccemas, etcétera.
De igual manera hemos escuchado a mamás

preocupadas porque sus hijos sufren de fuertes dolores de cabeza acompañados por vómitos. Creyendo que se trata de algún problema estomacal les dan tés o alguno otro remedio casero.

Esta indisposición puede ser una Migraña. Aunque usualmente la padecen los adultos, no es rara en niños, pues es una enfermedad de la edad escolar y predomina en el sexo femenino. Aparece bruscamente y desaparece después de que la niña se acuesta y duerme un buen rato. La padecen generalmente los niños hipersensibles.

Estos trastornos y muchos más son enfermedades psicosomáticas. Como tales hay que buscar su alivio con ayuda médica para encontrar el tratamiento correcto.

No debemos pasar por alto ninguna alteración en nuestros pequeños. Siempre procuremos atenderlos lo más pronto posible. De nada valen los arrepentimientos tardíos, lo importante es actuar en el momento necesario y evitar así males mayores.

Capítulo 15

Asma

Asma

*"Cuando llegó Lucía encontró a su hijo medio
inconsciente, sin detenerse a pensarlo lo tomó
en brazos y se fue para el hospital".*

Una vez en el sanatorio los médicos se hicie-
ron cargo del pequeño y afortunadamente aquello no pasó a mayores. Unas horas después toda
la familia volvía a casa con la decisión de no volver a dejar al niño si no era en manos de alguna
persona lo suficientemente identificada con el
problema y capaz de responsabilizarse del niño
en caso de presentar otra crisis asmática. Todo
había sido un susto, pero los médicos les advir-
tieron que una crisis como la que había sufrido el
niño, de no ser atendida de inmediato, podía haber tenido graves consecuencias.

Según Doraldina Reyes, técnica en urgencias
médicas, si el niño presenta dificultad para respi-
rar, coloración amoratada alrededor de los labios
y de las uñas, aleteo nasal, retracción de los músculos del pecho o del cuello, sonidos respiratorios
alterados o deterioro en su estado de conciencia,
está frente a una verdadera urgencia médica; de-
biéndose actuar de forma segura y rápida.

Habitualmente los episodios de asma tardan
varios minutos desde que la persona entra en contacto con el factor que lo desencadena hasta que
la crisis se instala completamente.

En algunos casos el médico puede haber recetado medicamentos como Salbutamol o la Terbutalina junto con antinflamatorio esteroide en presentación de aerosol (aspiradores).

Recomendaciones para el manejo de aspiradores

☞ Familiarizarse con el producto, si hay duda preguntar al doctor.

☞ Leer con antelación y cuidadosamente las instrucciones del producto y su aplicación.

☞ Comúnmente se trata de un dispositivo en forma de "L", en el cual se coloca por un lado el cartucho con el medicamento y por el otro se aspira.

☞ Se sugiere que antes de la aplicación el enfermo inhale y exhale profundamente, después se aplica una dosis del medicamento en la boca presionando el cartucho.

☞ Después del medicamento, hacer una inhalación profunda que se intentará conservar de diez a quince segundos.

☞ No rebasar la dosis de "disparos" recomendada por el médico.

☞ Nota: No debe apoyarse en esta información como sustituto de atención o diagnóstico médico especializado.

Capítulo 16

Estrés

Estrés

"¿Qué le sucede a Memo? Lo veo muy estresado. Cada vez que me toca le siento las manos húmedas y temblorosas". La madre no supo qué contestar, pero ella también estaba preocupada por su hijo.

La maestra de Guillermo le dijo que el problema de su hijo era la escuela: "Él estaba acostumbrado a sus compañeros anteriores, y como ahora todos son nuevos, se siente fuera de lugar. He notado que no juega con nadie y se aisla durante la hora del recreo. Antes los niños lo buscaban, pero como Memo no se integró al grupo, ya no le hacen caso."

Enterada de la situación y consciente de que su hijo era un poco tímido, la señora se abocó al problema. Habló largamente con su hijo y le hizo comprender que en la vida hay muchos cambios y debe uno adaptarse a ellos. Le comentó que si por el momento no le agradaban los nuevos compañeros, era probable que fueran hasta más simpáticos que los de la anterior escuela.

Le pidió que se diera y les diera la oportunidad de conocerlos. Memo, aunque tímido, era inteligente. Hizo un esfuerzo y se acercó a los nuevos compañeros. Estos, de buen agrado lo aceptaron, y antes de los dos meses el niño estaba tan contento o más que antes.

El estrés es la respuesta del cuerpo ante un

evento que percibimos como amenaza. Por ejemplo, vemos que un perro nos ataca (amenaza), nuestra reacción inmediata es de lucha o huida: o le propinamos una patada, o nos echamos a correr, pero nos defendemos (respuesta del organismo).

Tenemos en nuestro organismo este regalo de la naturaleza: una reacción ante los estímulos que producen estrés, denominada "respuesta de alarma", gracias a ella no nos quedamos paralizados por el miedo.

Ya sea para luchar o huir, el organismo se prepara. La sangre de las extremidades se agolpa en los músculos largos (brazos y piernas). Los pies, nariz y orejas se ponen fríos, sudan las manos, tensamos los músculos y se desencadena una vorágine en el organismo que acelera el ritmo cardiaco, sube la presión arterial y detiene la digestión; es decir, ocupamos toda nuestra energía para estar alerta.

Todas estas reacciones son saludables ya que son respuestas de adaptación. ¿Qué pasa en la época moderna? Más de 90 por ciento de nuestro estrés está en nuestros pensamientos y actitudes. Los pensamientos negativos son nefastos, los provoca "el simpático", que es parte de nuestro sistema nervioso periférico autónomo.

Cuando no le damos oportunidad de estabilizarse, la respuesta de esa alarma se vuelve tóxica y se vuelca en contra del organismo, provocándole problemas delicados. Por ejemplo, el sistema inmunológico baja y nos produce enfermedades como ansiedad, dermatitis, dolor de cabeza, estreñimiento, enuresis, nos "comemos" las uñas, bruxismo (rechinar los dientes por la noche), etcétera. Esto pasa a niños y adultos.

También sufrimos problemas de sueño, pesadillas e inclusive terror nocturno. A todo esto puede adaptarse el organismo por un tiempo razonable, pero de continuar indefinidamente así puede ocasionar graves consecuencias a la salud.

Los pensamientos negativos provocan estrés. Aprendemos por reforzamiento negativo porque eso llama la atención, eso se nos graba desde niños. Es importante orientar a las madres para que refuercen las actitudes positivas del niño, y de esta manera se vaya extinguiendo ese nocivo vicio de portarse mal para ser tomado en cuenta.

Los niños observan que el dar problemas siempre atrae la atención de los adultos, que solamente se ocupan de ellos cuando actúan negativamente, por lo tanto, los padres deben estimular el buen comportamiento de sus hijos manifestando visiblemente su aprobación por la buena conducta.

Para ello es importante que estén atentos a las actitudes positivas del niño y le comuniquen su alegría y aprobación cuando hace algo bien. Este es un método mucho más adecuado que las constantes críticas, gritos y castigos para enseñarlo a comportarse correctamente. Además, como ya mencionamos, con actitudes inadecuadas de los padres, baja considerablemente la autoestima del niño.

Los padres deben manifestar su satisfacción cuando el niño aprende una nueva habilidad, por insignificante que esta sea. Su afán por aprender o adquirir nuevas habilidades disminuirá si no recibe estímulo o se le critica demasiado. El "no puedes", si persiste, acabará por ser el "no puedo" real.

El estrés o tensión es una función adaptativa o de supervivencia en el organismo, pero a la vez es sinónimo de miedo o ansiedad. Esta tensión nerviosa excesiva se manifiesta también con una serie de reacciones que van desde el agotamiento o fatiga, hasta la gastritis y la úlcera gástrica.

El biólogo canadiense H. Seyle, señaló que los estresantes pueden ser de origen diverso:

Origen del estrés

☞ Físico (el esfuerzo diario, el frío, los traumatismos, etcétera).

☞ Químico (sustancias tóxicas o venenosas).

☞ Infeccioso (heridas o enfermedades).

☞ Psicológico (estados emocionales: el dolor, la alegría, etcétera).

El estrés se define como el estado en que se instaura un individuo cuando se siente en peligro de pérdida de su salud o de su integridad y se ve obligado a utilizar todas sus energías disponibles para protegerse y defenderse

La ansiedad es la pérdida total del control y nos enferma, por eso debemos controlar nuestros pensamientos y estados de ánimo si queremos vivir bien. Eso hay que inculcárselo a los hijos, para que se desarrollen correctamente y tengan una vida feliz.

En los niños en edad escolar es importante tomar en consideración el grado de tolerancia de los alumnos al estrés, particularmente a la hora de diseñar la organización de su tiempo y tipo de actividades, procurando que gocen simultáneamente de descansos adecuados y suficientes.

Es imprescindible que los niños tengan alta autoestima, pensamientos positivos y control interno. Las manos mojadas, el dolor de cabeza y demás síntomas ya mencionados, no son conductas de propósito del niño, son fisiológicas y están relacionadas con su actividad cerebral.

Si persisten estos problemas o van en aumento es aconsejable recurrir a la ayuda especializada para averiguar qué es lo que le está angustiando al niño.

Capítulo 17

Autoestima

❀❀❀❀❀❀❀❀❀❀❀❀❀❀❀❀❀❀❀❀❀❀❀❀❀❀❀❀❀

Autoestima

Una querida amiga a pesar de ser una mujer encantadora, generosa y siempre dispuesta a ayudar a quien la necesite, tiene la mala costumbre de hablar despectivamente de sí misma.

Dice y piensa que es una estúpida, que no vale nada y por esas razones todo el mundo puede aprovecharse de ella. No se da cuenta de lo mucho que vale, ni de lo que la estiman quienes la conocen, ni de en cuánto valoran su amistad quienes tienen la suerte de ser sus amigos; en una palabra tiene muy baja autoestima.

Por supuesto que esto tiene su razón de ser. Cuando mi amiga era una pequeña niña, sufrió el divorcio de sus padres; pero esto no hubiera sido tan grave si ella hubiera quedado al cuidado de alguno de los dos. El problema fue que unos días los pasaba en casa de la madre, otros en la del padre, y otros más, la mayoría de ellos, en casa de una tía que aceptó hacerse cargo de ella. La tía, a quien quizá le pesaba aquella responsabilidad, descargaba su mal humor en la pequeña diciéndole que esa no era su casa y que estaba allí de "arrimada". En cuanto a sus padres, cada uno rehizo su vida con un nuevo compañero.

Además procrearon más hijos, y estos, cuando mi amiga estaba en su casa, la trataban como a una intrusa, situación que vivía tanto en la casa materna como la paterna. Desde luego que esa niña creció con una baja autoestima que hasta hoy día le sigue perjudicando.

Es de suma importancia que los padres pensemos mucho antes de dar un paso tan decisivo como el divorcio, pero de llegar a hacerlo, no involucremos tan severamente a nuestros hijos, pues nos separamos de nuestra pareja no de nuestros hijos, ellos deben sentirse amados y seguros para que no vivan una niñez tan triste como la de mi amiga y tengan una alta autoestima.

Autoestima es la evaluación que hace el ser humano de sí mismo, la propia estimación y la seguridad que tenemos en nosostros mismos para demostrar un valor propio sin importar qué opinen los demás.

En capítulos anteriores hemos mencionado insistentemcnte que hay que reforzar la autoestima en los niños. Este punto de equilibrio se puede alcanzar, pero una buena dosis de responsabilidad recae en los padres. Desde el momento en que nos convertimos en padres tomamos el compromiso de dedicar a nuestros hijos el mayor tiempo posible para jugar con ellos, cuidar su salud física y emocional, divertirnos juntos, identificar sus emociones y hablar con ellos, mostrándoles el camino para que sean capaces de manejar todo tipo de situaciones que se les presenten en la vida.

La autoestima es un concepto que se utiliza

para hablar de lo que cada individuo piensa de sí mismo y de sus habilidades, todas ellas para adecuarse al medio ambiente en que se desenvuelve.

En las experiencias que van teniendo los niños, van desarrollando una escala de valores que aplican a sus conductas y a la imagen de sí mismo, se da cuenta de si hace las cosas bien o mal, es decir, si las realiza exitosamente o fracasa en ellas.

La autoestima se relaciona directamente con la seguridad en sí mismo. Si un niño tiene una autoestima elevada, tenderá a enfrentar nuevos retos, a levantarse después de un fracaso y a mantener un nivel alto de energía en sus diarias tareas. Por el contrario, un niño con baja autoestima desconfiará de sus posibilidades de triunfo, se sentirá fracasado antes de intentar algo, se culpará constantemente de los problemas que se presenten e invertirá poca energía en sus actividades diarias.

Desde la cuna el niño comienza a adquirir conciencia de sí mismo, a medida que va desarrollando su personalidad va entrando al proceso de autoevaluación que definirá la medida de su autoestima. Las principales fuentes de alimentación para ese proceso son, en primer lugar, los padres, después los demás parientes y los maestros.

La personalidad del niño se va formando tanto dentro de la familia como de su entorno social. Así aprende a desenvolverse y a enfrentar al mundo con confianza o con incertidumbre. Si el niño vive experiencias placenteras en un medio cariñoso y amable, confiará en que es amado y aceptado, pero si vive en un medio hostil, se sentirá rechazado.

Los padres pueden dañar seriamente la autoestima de su hijo si lo describen despectivamente. Si lo llaman tonto porque cometió una equivocación, se sentirá realmente un inútil e imprimirá esa imagen devaluada en su inconsciente.

Es importante asumir nuestra autoridad ante el niño y establecer normas para su educación, pero no traspasar los límites de esa autoridad ofendiéndolo al llamarle la atención o castigarlo y/o lastimándolo físicamente. La disciplina debe ser firme, pero no abusiva para no devaluar la autoestima del niño. Deben siempre ser tomados en cuenta sus sentimientos y emociones, y se le debe ayudar a aprender a manejarlos.

Por ello es básico que los padres apoyen con palabras y acciones el desarrollo de sus hijos, principalmente con el ejemplo, que es el medio educativo más valioso. De poco servirían nuestros consejos si el niño ve que tenemos una mala relación con nuestra pareja y que continuamente nos agredimos uno al otro.

Es muy positivo para el buen desarrollo del niño aprobar con palabras y actitudes sus acciones acertadas. Le dará una gran seguridad oír de sus padres halagos como: "¡Qué bien quedó tu dibujo!", "Nos da una gran alegría ver el empeño que pones en hacer tus tareas", "Eres un niño muy bueno y te queremos mucho". Este tipo de comentarios reafirma día con día su autoestima y lo inclina a ser cada día mejor.

Se debe tener paciencia cuando el niño comete errores. Hay que recordar siempre que "Roma no se hizo en un día". Un niño es como construir un edificio. Hay que empezar con unos buenos cimientos, luego ir colocando piedra por piedra hasta levantar una construcción que quién sabe qué altura alcanzará. A lo mejor lo nuestro puede llegar a ser todo un rascacielos.

Para finalizar, grabémonos estas palabras: "La autoestima de nuestros hijos dependerá en gran parte de que lo aceptemos y ayudemos a que descubra todas sus capacidades, y a que esté satisfecho de su propia individualidad."

Las personas con baja autoestima necesitan más la aprobación social, son más susceptibles al rechazo social y responden con hostilidad más frecuentemente. Por lo tanto, los problemas cotidianos de la vida le son más difíciles de sobrellevar.

Capítulo 18

El Niño Adoptado

El Niño Adoptado

Hace algún tiempo, una dama alemana, rubia de ojos azules y gran nadadora a quien conocía desde hacía mucho tiempo, se metió a una alberca cargando con un brazo a un bebé moreno y portando en la otra mano un sombrilla con la que le tapaba el sol. Como la escena me pareció muy tierna me acerqué y le pregunté quién era el pequeño. Ella me contestó que era su hijo, que lo había adoptado y que se llamaba Juan.

Como yo conocía a sus hijos, chicos ya casaderos, también rubios y de ojos azules, no pude aguantarme las ganas de preguntarle por qué no había adoptado un niño que se pareciera físicamente a su familia, ya que seguramente el niño, al crecer, notaría la diferencia y haría preguntas. Ella, muy amablemente y sonriendo me respondió: "Cuando el niño tenga esas dudas y me haga esas preguntas yo le voy explicar la realidad, es decir, decirle la verdad."

Me explicó además que le diría que sus otros hijos simplemente habían nacido así, que así le habían tocado, pero que a Juan, ella lo había escogido cuidadosamente pues era exactamente lo que quería.

Aquella respuesta me emocionó, a la vez que me avergonzó por mi pregunta, máxime cuando me explicó cuánto amaba a esa criatura. Si todas las personas que realizan una adopción fueran como ella, cuántos niños adoptados serían los más felices del mundo.

Para adoptar un niño es indispensable ser una persona estable. Esto es importante de por sí en cualquier persona que vaya a tener un hijo, más aún aquel que lo piensa adoptar.

Si el padre o la madre son "moderadamente" neuróticos, más les valdría que se abstuvieran de la adopción, pues probablemente no se sentirán responsables de enfermedades, problemas de desarrollo, trastornos de carácter o nivel intelectual que pudiera presentar el niño.

Antes de dar a un niño en adopción, se debe investigar y evaluar cuidadosamente a los futuros padres. Hay que informarse sobre la estabilidad emocional de la pareja.

Tampoco sería sano "usar" un niño para rehacer un matrimonio tambaleante, ya que la aparición de un nuevo ser les complicaría aún más la vida.

También hay que asegurarse de que ambos desean adoptarlo, pues de ser uno sólo, y el otro simplemente se somete al deseo de su pareja, tarde o temprano aparecerán problemas de rechazo hacia el niño.

Es indispensable informar a los padres adoptivos los rasgos básicos del temperamento del niño al igual que advertirles sobre sus defectos físicos y si padecen alguna enfermedad. La relación con el hijo adoptado debe ser la misma que con uno propio.

Hay que evitar la sobreprotección tan común, para demostrarse que son los padres adecuados para el hijo adoptado, y también para ganarse su afecto. Esto perjudicaría al niño convirtiéndolo en un pequeño tirano.

Es conveniente informar al niño de su adopción prácticamente desde el principio, pero hay que hacerlo en la forma más tierna y natural posible, no usar frases solemnes que solo lo estresarán haciéndolo sentir que están marcando que es diferente a un hijo biológico.

En las memorias del genial cómico Harpo Marx, quien era un hombre sensible, humano y bondadoso por excelencia, cuenta que adoptó junto con su esposa, la actriz Susan Fleming, cuatro hijos de diversas edades.

El relata que el cuento preferido de los niños era la historia de su adopción. La historia comenzaba con el deseo de los padres de tener hijos, y con las peripecias de la búsqueda hasta encontrarlos. Los niños se sentían felices de haber sido los elegidos, y vivían satisfechos, ya no pensando en la adopción sino con toda normalidad y auténtica satisfacción.

"La experiencia de la adopción no es idéntica a la paternidad pero puede ser igualmente gratificante, y algunas veces hasta mejor".

Capítulo 19

Guía para un Desarrollo Correcto

Guía para un desarrollo correcto

Las personas que mejor pueden observar el desarrollo de un hijo o hija son la madre y el padre. Por esto todos los progenitores deberían vigilar día a día cómo va progresando su pequeño y así confirmar si éste va desarrollando sus facultades a un ritmo normal. Enseguida damos una sencilla guía para que, de haber algo que no sea lo apropiado para su edad consulten al pediatra.

El Bebé a los tres meses debe

☺ Volver la cabeza hacia las luces intensas.

☺ Dirigir los ojos hacia el lugar de donde pro viene un sonido fuerte.

☺ Cerrar las manos apretando los puños.

☺ Mover a menudo brazos y piernas.

☺ Hacer gorgoritos cuando se siente cómodo.

☺ Comenzar a sonreír.

El Bebé al año debe

☺ Lograr sentarse sin apoyarse.

☺ Decir mamá, papá, y alguna que otra palabra.

☺ Demostrar afecto por sus padres y por otras personas allegadas a él.

☺ Atender a instrucciones sencillas.

☺ Ponerse de pie apoyándose en algo.

☺ Gatear.

☺ Intentar caminar sosteniéndose de algo o de alguien.

☺ (Hay niños que logran caminar al año)

El Niño a los dos años debe

☺ Reconocer a las personas cercanas a él y a los objetos familiares.

☺ Caminar cargando algún objeto ligero.

☺ Señalar sus propios ojos, nariz y orejas; así como los de otras personas.

☺ Empezar a comer solo.

☺ Formar frases de tres o cuatro palabras.

☺ Aprender a usar lo apropiado a su edad para ir al baño e ir dejando los pañales.

El Niño a los cuatro años debe

☺ Identificar los colores.

☺ Hacer preguntas sencillas.

☺ Mantener el equilibrio en un solo pie.

☺ Manifestar sus emociones.

☺ Cantar canciones infantiles.

☺ Participar en juegos sencillos con otros niños.

El Niño a los cinco años

☺ Hablar pronunciando correctamente las palabras.

☺ Contar del uno al diez, o más.

☺ Vestirse solo.

☺ Copiar un dibujo de líneas sencillas.

☺ Atender a las indicaciones de una educadora si es que asiste a un Jardín de Niños.

☺ Platicar en casa las experiencias que tuvo en la escuela.

☺ Aprender cantos y bailes propios de su edad.

Algunos niños progresan más lentamente que otros, esto no significa que exista un problema grave. Sin embargo, como dijimos antes, sería prudente consultar al pediatra en caso de que el niño se "estanque" en sus aprendizajes.

Capítulo 20

Separación de los padres (Divorcio)

Separación de los padres
(Divorcio)

Es indispensable que en la separación de los padres los jueces concedan absoluta prioridad al bienestar material y psíquico de los niños. Sin embargo, la revisión de esos casos nos lleva a una conclusión evidente: cuanto más traumático sea el proceso (discusiones, peleas, agresiones) más ansiedad provocará en los niños.

Inexorablemente la ansiedad de los cónyuges se les trasmite a sus hijos, en cambio, cuando los padres dialogan serenos, negociadores, y capaces de llegar a una solución civilizada, pueden conseguir que sus hijos la pasen lo menos mal posible dentro del lógico conflicto que provoca una ruptura de este tipo.

Desafortunadamente resulta lógico que los matrimonios que van a separarse porque no se entiende sean precisamente los que se comportan con menos tranquilidad. Los peores casos son los que convierten a los niños en un arma que arrojan a la cabeza de su cónyuge, o que los enarbolan como bandera.

En muchos casos tratan de ganarse la confianza de los hijos a base de inculparse mutuamente, comunicándole las culpas de su cónyuge al hijo. Otras veces intentan "comprar" al niño dándole bienes materiales, paseos, muchas promesas, etc., haciéndole ver que con el otro progenitor no tendrá tantas ventajas. Los hijos ante estas actitudes de sus padres se pueden convertir en excelentes negociadores, e inclusive aprenden a dominar la técnica del chantaje sacando el máximo partido a la situación.

Cómo influye la edad de los niños

Antes de los cuatro años no llegan a entender qué está sucediendo pero reaccionan con mayor o menor ansiedad en relación a la que perciben. Entre los cuatro y los siete pueden conformarse con explicaciones más o menos caritativas, adulteradas para evitarles descripciones demasiado realistas. En esta fase el niño tiene aún un predominio del pensamiento mágico, por lo que entenderá mejor que si llueve es porque los ángeles lloran, que si se les intenta explicar el ciclo geológico del agua.

Entre los ocho y los doce, más o menos, el problema tiende a ser más traumático. El niño ya ha salido del pensamiento mágico, pero su capacidad para afrontar la realidad se ciñe a aspectos mayormente concretos. Su respuesta dependerá mucho de la personalidad previa y de la ansiedad que envuelva la situación, pero, en principio, es una fase donde puede haber más complicaciones. A partir de la adolescencia, el niño ya será capaz de regir muchos de sus juicios de valor. Así el padre o la madre será totalmente culpable y el otro cónyuge será un mártir.

Es indispensable seguir las siguientes reglas para evitar mayores daños a los hijos en una separación matrimonial:

Dar prioridad a los hijos. Su estabilidad debe estar por encima de cualquier otra consideración. La pena es que, en muchos casos, los adultos dicen estar dando prioridad a los hijos, pero cada uno de ellos cree que solamente su solución (su «verdad») debe ser la prioritaria.

Llevar el proceso sin ansiedad, al menos ante los niños. Hemos comentado muchas veces que la ansiedad de los niños suele ser un reflejo de la que perciben en el ambiente. Cuánto más tranquilos estén los padres, más tranquilamente vivirán los niños esta traumática situación.

Dar a los niños la máxima información posible. Las situaciones ambiguas son las que crean más ansiedad. Es necesario que los niños sean informados cuanto antes de que la separación se va a producir.

Darles seguridad en cuanto a que el problema es únicamente de los padres. Se debe hacer hincapié en que los padres les siguen amando. Que entre ellos no se llevan bien, pero eso es completamente independiente del amor que sienten por los hijos. Que los padres comprenden que el proceso no es agradable, pero que es la manera de estar todos más tranquilos. Que ellos (los niños) no tienen ninguna clase de culpa o incidencia en las causas de la separación. Que les van a querer exactamente igual aunque no vivan todos juntos.

Los padres no deben "comprar a los hijos". Ni hablando mal del ex cónyuge, ni llenándoles de regalos o atenciones cuando están con ellos. Los niños pueden aparentar que se les compra, pero en el fondo van creando su propia opinión. Y lo que es más grave: van a crear sus propias escalas de valores y elementos de juicio en lo referente a las relaciones humanas en general y de pareja en particular, lo cual va a repercutir en sus emociones y en su forma de plantearse sus propias relaciones interpersonales.

No deben decirles a los niños que "toda la culpa es del otro". Vale la pena recordar que "las discusiones son cosa de dos"; lo ideal es no buscar culpables, sino soluciones.

No hablar mal del ex cónyuge ante los niños. Hacerlo es poco elegante. Pero en este caso es, además, un factor de riesgo para la estabilidad del niño. Lo normal es que el niño ame a su madre y padre, y que los insultos o las maledicencias recíprocas le hagan más daño que otra cosa.

Una nueva pareja

En el caso de hallar una nueva pareja, ser discretos con los niños. No es agradable para ellos ver que otra persona toma el lugar de su padre (o de su madre). Tampoco se debe ocultar el proceso, pues la vida sigue y hay que enfrentar la realidad. Pero no sería bueno hacerlo crudamente. Si el niño que se despierta por la mañana ve que sale del baño un desconocido ligero de atavíos y con inequívocos signos de haber pasado la noche con su madre, puede vivir la situación como un trauma estresante. Vale la pena plantearse las cosas con calma y acostumbrar paulatinamente a los niños a ver como algo normal la presencia de una tercera persona.

No dejarse tiranizar por los niños. Muchos padres hacen excesivas concesiones por miedo de dañar a sus hijos de perderlos, o por miedo a que los niños prefieran al otro cónyuge y algunos niños lo perciben y se aprovechan de ello para comportarse como pequeños Otelo.

Hemos visto el caso de una niña de diez años que amenazaba con suicidarse (y no era una depresiva sino una histérica manipuladora) si el padre salía con otras mujeres, o el de un niño de siete años que exigía (y conseguía) dormir en la cama de su madre, y que le hacía jurar que "nunca pondría a otro hombre" en esa cama. Todos los extremos son malos. Es necesario hallar el equilibrio a base de buenos modos, seguridad, amor y firmeza.

Si hay una nueva pareja con hijos propios, y aparecen tensiones o rivalidades se debe tratar el problema como cualquier otro caso de celos, ya en el plan preventivo, ya en el curativo. No hacer concesiones «para que no tengan celos» ni intentar «tratar a todos por igual. Trabajando de esta manera es probable que pudiéremos evitar la mayor parte de los problemas inherentes a los rompimientos familiares. Creemos que puede ser interesante plantear estos consejos, especialmente los cinco primeros, desde el primer momento en que se pueda prever la separación.

Reflexiones y conclusión

Reflexiones y conclusión

Como se leyó en capítulos anteriores, son varios los problemas que pueden aquejar a algunos niños, y estos cuadros expresan cierto grado de frustración y deseos de atención por parte del infante. Esto no significa que el niño esté mal atendido o descuidado sino, en la mayoría de los casos habla de algo normal pero que requiere de ciertos cuidados especiales.

No se puede hablar de un sólo factor responsable, sino de la suma de varios factores que pueden llevar a este tipo de problemas.

Algo a destacar, es que estos trastornos se presentan entre niños activos y llenos de energía. Sin embargo, se debe notar que un factor nocivo para cualquier persona es la inseguridad.

También son factores contraproducentes, tanto la sobreprotección como la disciplina rígida de los padres, ambas actitudes son dañinas para el buen desarrollo del menor. Es imprescindible tomar conciencia de que la impaciencia, cansancio, y desdicha de los padres, puede lesionar al niño ya que repercute en su personalidad.

Nos permitimos recomendar a los lectores de este libro que realicen una sana autocrítica en cuanto a la relación familiar y la búsqueda de un equilibrio.

Dicha autocrítica debe ser realista pero positiva. No sirve para nada si ésta se asume como reproche.

La debida atención y amor de los padres junto con la colaboración de la escuela, lograrán que el pequeño supere aquello por lo que está sufriendo y que logre la normalidad que lo colocará al nivel de los niños que no sufren ningún tipo de alteración.

El miedo a aceptar que nuestros hijos necesitan ayuda, el temor al qué dirán, son enemigos peligrosos que de vencernos lesionarían el futuro y felicidad de nuestros hijos quizá para siempre. Debemos ser valientes y recordar siempre que cualquier meta se puede alcanzar por difícil que parezca, cuando agregamos a nuestro esfuerzo todo nuestro entusiasmo y confianza.

En México, aunque la sociedad está muy relajada, aún tenemos grandes valores y como ejemplo de ello está el hecho de que todavía conservamos lo que es la familia.

En otros países, la integración familiar prácticamente ha desaparecido. En los Estados Unidos –y lo mencionamos por ser nuestro vecino más próximo- hay una gran cantidad de divorcios, lo que provoca mucha confusión en el niño a la hora en que los padres "se lo reparten". Esto genera inseguridad en el pequeño, quien pasa unos días con su padre, y otros con su madre, y quien bien a bien no sabe a donde realmente pertenece.

Los niños que crecen dentro de un amoroso núcleo familiar tienen menos probabilidades de sufrir trastornos psicológicos, que los que se desenvuelven en medio de una familia desintegrada e indiferente.

Hay que saber escuchar sus problemas, acompañarlos en sus sufrimientos y orientarlos en sus conflictos. Darles un sentido de solidaridad con su patria y la humanidad, e inculcarles el respeto a sí mismos y a los demás.

Es un error distraer todas las horas del día solamente en satisfacer nuestras necesidades económicas olvidando dedicar un tiempo a dar la atención más elemental que requieren nuestros hijos. Es importante supervisar sus actividades, sus amistades y los lugares que frecuentan.

No es sano que pasen mucho tiempo solos educándose con los medios de comunicación donde la violencia se ve como algo natural y donde glorifican la agresión, y por ende, más que condenar parece que le hacen propaganda a las destructivas drogas.

En nuestra cultura las personas mayores, como los abuelos por ejemplo, tienen un lugar importante dentro del núcleo familiar. Se les respeta y se toman en cuenta sus opiniones mientras que en otros países se les ignora y aisla abandonándolos generalmente en un asilo considerando que por viejos ya estorban.

Esto no puede ser sano para la educación de

los niños, pues los enseña a ser indiferentes, malagradecidos y hasta crueles.

La sabiduría de los ancianos es inapreciable dada su experiencia, no en balde existe aquella frase de "más sabe el diablo por viejo que por diablo."

Hay que dar a nuestros hijos valores, espiritualidad, cultura y lo mejor de nosotros mismos. En una palabra, si queremos tener hijos de mente y cuerpo, eduquémosles inteligentemente, amémosles como se merecen y cuidémosles como es nuestra obligación.

Conclusión

"Aproximadamente hasta los cuatro años de edad los niños son egocéntricos por naturaleza y muestran un comportamiento egoísta y poco razonable, situación normal en un pequeño de esa edad dada su inmadurez tanto emocional como física. Con el tiempo y una buena educación aprenderá a compartir las cosas y a ser generoso y razonable. Esto se logrará con un buen ejemplo, ya que él aprenderá a tratar a los demás tal y cómo lo traten a él".